档案建设与管理研究

张　悦　肖贵忠　聂丹萍◎著

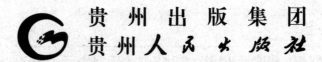

贵州出版集团

贵州人民出版社

图书在版编目（CIP）数据

档案建设与管理研究 / 张悦，肖贵忠，聂丹萍著
. -- 贵阳：贵州人民出版社，2023.9
ISBN 978-7-221-17805-3

Ⅰ.①档… Ⅱ.①张… ②肖… ③聂… Ⅲ.①档案管
理—研究 Ⅳ.① G271

中国国家版本馆 CIP 数据核字 (2023) 第 156150 号

DANG' AN JIANSHE YU GUANLI YANJIU

档案建设与管理研究

张　悦　肖贵忠　聂丹萍　著

出 版 人　朱文迅
策划编辑　苏　轼
责任编辑　刘旭芳
装帧设计　博健文化
责任印制　陈　楠

出版发行　贵州出版集团　贵州人民出版社
地　　址　贵阳市观山湖区中天会展城会展东路 SOHO 公寓 A 座
印　　刷　天津旭丰源印刷有限公司
版　　次　2024 年 7 月第 1 版
印　　次　2024 年 7 月第 1 次
开　　本　787mm×1092mm　1/16
印　　张　10.25
字　　数　250 千字
书　　号　ISBN 978-7-221-17805-3
定　　价　68.00 元

前　言

　　档案是一种原始记录，它忠实地记录了人们当时实践活动的客观需要和自然形成的活动原貌，档案的形式和内容往往保留了一些原始的标记。档案工作能够为人类学习过去、预测未来提供生动翔实的资料。档案和档案管理工作源于人类文明的早期。文字的出现使人类由蒙昧走向文明，阶级和国家的产生促使统治者在维护其统治的过程中重视档案文献的积累和保管。近现代以来，档案管理工作才发展成为一项独立的业务工作。随着人类科学技术及社会活动领域的拓展，各种门类和载体形式的档案大量增加，国家机关、社会组织和个人在活动中产生了数量众多、种类多样、载体各异、内容丰富的档案。同时，社会对档案的需求日益增强，需要设立专门的档案管理机构，并需要受过专门档案教育或培训的人员对其进行系统管理，为社会各项事业发展提供档案服务。

　　本书围绕档案建设与管理展开研究，首先以档案演变及概念属性、档案的价值与作用、档案资源的类别划分、档案工作的组织机构为切入点，探讨档案文化建设与开发，进而剖析档案管理的内容范畴，基于人事档案、会计档案、科技档案、特殊载体档案探究不同类型档案的管理，最后研究高校、医院及博物馆档案建设与管理的实践。

　　全书结构严谨，内容翔实，论述清晰，客观实用，力求达到理论与实践相结合，具有时代性、实用性等特点，有助于实务工作者进一步思考和探讨相关知识在日常工作中的应用。

　　本书的撰写得到了许多专家学者的帮助和指导，在此表示诚挚的谢意。由于笔者水平有限，加之时间仓促，书中涉及的内容难免有疏漏与不够严谨之处，希望各位读者多提宝贵意见，以待进一步修改，使之更加完善。

目　录

第一章　档案与档案工作的基本认识

第一节　档案的演变及概念属性

一、我国档案的演变

"档案是一种历史文献，是人类在社会实践活动中直接形成的历史记录。"[①] 我国自从进入历史文明以来，档案文献浩瀚瑰丽。陶文甲骨、金石铁券、纸墨文书、声像光盘等，形式多种多样。档案内容日益丰富，档案的形式和名称也在不断地发展变化。

（一）我国档案形式的演变

我国档案形式的演变历程如下：

1. 陶文档案

新石器时代晚期的档案，距今5000年左右。从考古发现来看，有陕西一带仰韶文化遗址的陶器记事符号，有山东等地龙山文化遗址的陶片文字和文字记录。对于后者，考古界称之为"陶文"，我们称之为"陶文档案"。

2. 甲骨档案

商周时期的档案，距今3000多年。从出土实物和可靠的记载来看，甲骨档案主要集中于商代。从载体材料和记录方式来研究，可以看出商代甲骨档案当时已达到了一定的水平。这反映了当时社会已有比较发达的古代文明。

3. 金石档案

（1）金文档案：金文是铸刻在金属鼎彝器上的一种铭文，也称钟鼎文，一般是指冶铸在青铜器上的文字。古人称铜为金，所以又常称钟鼎文为金文。有铭文的青铜器始于商

---

① 陈武英主编《档案管理学简明教程》（3版修订本），浙江大学出版社，2012，第1页。

1

代，但数量少，金文字数也不多。钟鼎彝器中作为记事和凭信的金文，无疑具有古代档案的性质，所以在档案学上称为"金文档案"。

（2）石刻档案：出于金属工具的使用等原因，在中国曾有一段石刻比较流行的时期，其中有些可称为"石刻档案"。据有关资料记载，殷代有少数刻石，东周以后逐渐增多，秦汉以后石刻碑碣大量出现，而直到明清、民国时期仍有所见。几千年来，石刻档案保留下了许多难得的历史资料。

4. 简牍档案

金石档案虽然坚固耐久，但其载体比较笨重，制造铭刻也比较费工，且不便传递，所以自商周直至东晋时期，特别是从周代到汉代 1000 余年间，多用竹片、木板撰写文书。书于竹片上的称为竹简，写在木板上的称为木牍，统称为"简牍档案"。简牍编连在一起称为册，所以又称"简册档案"。

5. 缣帛档案

缣书、帛书几乎与简牍同时产生。据有关专家推测，帛书可能与典册一样，在殷商时期已经有之，但迄今未见实物。现代保存下来的缣帛档案，有长沙楚墓中出土的帛书，属于战国时代的古文书。

6. 纸质档案

由于纸的发明和社会生产的发展，文件的书写材料逐渐为纸张所代替，形成了大量的纸质档案。纸张的广泛利用，不仅促进了汉字的演变，而且促进了文化的交流和发展，同时也对文书、档案工作产生了巨大的影响。我国虽然从汉代就发明了纸张，但在社会上比较普遍地以纸书取代简帛文书，却经过了很长一段时间。从汉到晋数百年间，处于一个简、帛、纸并用的过渡时期，此后，纸张逐渐取代了缣帛，成为档案的主要载体材料。

7. 现代载体档案

人类进入近现代以来，随着现代科学技术的发展，档案的形式也发生了一些新的变化，除了传统的纸质档案外，产生了许多感光介质和磁性介质材料为载体的照片档案、录音录像档案、光盘档案和机读档案等。档案的内容更丰富，形式更是多姿多彩。

（二）我国档案名称的演变

在我国，对文书和档案最早的称呼，就现有的资料来说，叫作"册""典"。甲骨文中就有"册"字和"典"字。

在周代，又有"中"字的叫法。根据许多材料分析，周代所说的"中"，近乎对文书和档案的一种概括性的称呼。

自商周简牍档案和缣帛档案产生以来，"简""牍""简策""简牍""简书""帛书""缣书"或"竹帛"等称呼皆指文书、档案和书籍。成语"名留竹帛""罄竹难书"等也反映了当时文书、档案的成分及其称呼，或延续着以前的惯称。

用缣帛书写的文书可以舒卷，所以又称作"卷""卷轴"。又因办理公文多在案几上进行，所以汉唐以后，又称公文和档案为"文案""案牍"，有时也用"文牍""文书""簿书"来表示①。

"档案"一词初见于清代。现存清代档案康熙十九年（1680 年）的《起居注册》（汉文正本）中就有"部中无档案"之语。大约成书于康熙四十六年（1707 年）杨宾的《柳边纪略》中说："边外文字，多书于木，往来传递者曰'牌子'，以削木片若牌故也；存贮年久者曰'档子'，以积累多贯皮条挂壁若档故也。然今文字之书于纸者，亦呼为牌子、档子矣。"这也是对档案词源的一种解释。"档"字在《康熙字典》里的解释为"横木框档"，就是木架框格的意思；"案"在《说文解字》里释作"几属"，即像小桌子一类的桌几，由此引申，把处理一桩事件的有关文件叫作"一案"，并通称收存的官方文件为"案"或"案卷"等。"档"和"案"连用，就是存入档架的文案和案卷，而且把放置档案的架子称作档架，把一格称为一档。这些叫法有的一直沿用下来。至今我们称档案，依然有形象的和内在的意义。它的科学定义，是这一意义的深化与发展。

二、档案的基本概念

（一）档案的含义理解

中国档案学界从 20 世纪 50 年代起就一直在不断地探讨档案的含义，直到公布并实施了《中华人民共和国档案法》，才对档案的含义有了一个比较一致的认识基础。档案是指过去和现在的国家机构、社会组织以及个人从事政治、军事、经济、科学、技术、文化、宗教等活动直接形成的对国家和社会有保存价值的各种文字、图表、声像等不同形式的历史记录。所谓历史记录，是指首次生成并以一定方式记录在某种载体上的信息，包括行政文件、经济文书、科研设计材料、手稿、日记、书信、家谱、照片、录音、录像、数字化信息等。比如，单位在行政管理工作中形成并保留下来的决定、会议记录，在生产活动中形成并保存下来的生产计划、产品设计图纸，在商务活动中形成的客户信息记录、销售情况记录，在员工聘任和考核中形成并保存下来的表格，在财务管理中形成的会计凭证、报表等。

---

① 王世吉、唐宁、周雷：《现代档案管理理论与实践》，延边大学出版社，2018，第 3—4 页。

（二）档案的形成

1. 档案形成者的广泛类型

从形成者看来源，主要有三类：机构、组织、个人，即国家所有、集体所有、个人所有。档案形成者的类型非常广泛，就组织的角度而言，档案来源于依法成立并能以自己的名义行使权利和承担义务的各种组织，即法人。它包括各级党政机关，各种工商业、金融保险业、房地产业、信息产业、服务业的公司，各类教育、科研、卫生、文艺、体育、社会福利机构，还有学会、协会、商会等社会团体。档案在这些单位内是按照职责分工连续地、有规律地形成的。从个体的角度来说，档案来源于依法享有权利并承担义务的个人，即自然人，以及家庭、家族。在这个范围内，档案是围绕个人、家庭、家族的社会活动或家庭事务形成的。

2. 档案与其形成者的关系

档案是其形成者在自身的活动中形成的，属于同一个形成者的档案之间存在着不可分割的密切联系。比如，一个企业进行管理、开展经营活动形成的工作制度、操作流程和规范、各种会议记录、各种合同和客户登记、产品生产或销售记录、产权证明、财务账目等，这些文件既是这个企业开展工作的工具，又记录了其活动的实际过程，能够全面、系统地反映这个企业的历史活动面貌，是一个有机的整体，因此，这些档案不能分散，应集中管理。

3. 档案的形成过程

档案是由文件有条件地转化而来的，这里的"文件"是指广义文件，即一切由文字、图表、声像等形式形成的各种材料。档案和文件是同一事物在不同价值阶段的不同形态，两者具有同源性和阶段性的共性，也具有实效、功用、离合等个性差异。从文件到档案是一个批判继承的辩证运动过程。就信息的内容和形式来说，两者是完全相同的，但就时效、价值和系统性来说，档案是对文件的不断扬弃。首先是时效性批判，档案是已经办理完毕的文件；其次是价值性批判，档案是办理完毕的文件中具有保存价值的部分；最后是系统性批判，档案是把分散状态的文件按一定逻辑规律整理而成的信息单元。因此，文件是档案的前身，档案是文件的归宿；文件是档案的基础，档案是文件的精华；文件是档案的素材，档案是文件的组合。

档案是单位或个人在现实工作中形成和使用的各种文件的转化物。由于单位和个人的社会职能、活动方式、沟通渠道不同，其档案的形成过程也存在一定的差异。个人、家庭或家族的档案以手稿、日记、书信、契约、账册、家谱、音像材料为主，一般在形成之后经过一定的整理，进行有序积累，就可以作为档案保存。而单位档案的形成过程比个人档案要复杂一些，它们一般都要经过一系列的工作程序之后才能形成。在这里我们以单位的档案为主描述和分析其形成过程。

第一，处理完毕的文件才能成为档案。档案是从文件转化来的，档案与文件是同一个事物的不同运动阶段。文件是单位开展各项工作的办事工具和沟通媒介，具有时效性，而档案的主要作用是备考。所以，只有当文件处理完毕以后，无须在单位的现行工作中运行了，才可以作为档案保存。在这里，文件的处理完毕是指其完成了收文、发文等文书处理程序。需要指出的是，文件的处理完毕与文件内容所针对事务的办理完结并非完全同步。在实际工作中，一些文件内容的办理完结与文书处理程序的完结可以同步。文件处理完毕转化为档案之后，其中一部分丧失了现行效用，成为历史文件，另一部分则仍然具有法律上和行政上的效用，可作为现实工作的依据。

第二，对日后工作活动具有一定查考利用价值的文件，才有必要作为档案保存。在现实工作活动中产生和使用的所有文件，对人们今后的活动未必都具有查考利用价值，其中一部分文件在工作任务结束后，自身的利用价值随之完结，无须继续保存，而另一部分文件则因为对今后的工作活动具有查考利用价值而被人们作为档案保存下来。因此，文件能否转化为档案需要人们通过鉴定来决定。文件的查考利用价值主要是指其在事实、证据、知识等方面对人们和社会的有用性。在文件向档案转化的过程中，查考利用价值是档案形成的关键因素和条件，只有具有查考利用价值的文件才有必要作为档案保存。因此，"有文必档"会导致档案质量的良莠不齐和管理资源的浪费，而不重视积累档案则会造成工作的被动和历史的空白。

第三，经过立卷归档集中保存起来的文件，才最后成为档案。文件是伴随着单位完成各项工作任务的过程而逐渐生成的，这就使文件分散于各个承办部门或人员手中。文件的这种分散状态不符合档案管理与利用的要求。为此，人们需要将具有保存价值的文件集中起来，按照一定的规律对其进行系统化整理，并移交给档案部门，这就是立卷归档。因此，可以说办理完毕、具有查考利用价值、经过立卷归档的文件才能转化成为档案。

由此可见，档案虽然是由文件转化来的，但是文件不能自动地成为档案，其间必须经过有关人员开展鉴定和立卷归档工作，才能使具有保存价值的文件最终转化成为档案。在这里归档既是文件向档案转化的程序和条件，又是文件转化为档案的一般标志和界限。

（三）档案的外在形式

档案的外在形式是指其外貌特点。社会活动中原始信息记录方式的多样性决定了档案形式的多样性。

1. 档案的构成要素

档案实体的构成要素包括档案的载体、档案信息的表达方式和档案信息的记录方式三方面。

档案的载体是指承载档案信息的各种物质。我国从古至今使用过的档案载体材料有甲骨、青铜、石材、竹简、木牍、缣帛、纸张、胶片、磁带、磁盘、光盘等；从发展进程来

看，档案载体制造工艺中的科技含量越来越高，体积越来越小，越来越轻便，而它们所承载的信息量则越来越大。

档案信息的表达方式包括文字、图示、图像、声音四种类型，例如，行政文件多采用文字表达方式，产品设计文件多采用图示或图像的表达方式等。

档案信息的记录方式是指档案信息与档案载体结合的手段，包括刻铸、手写、印刷、晒制、摄影、录音、录像、录入、刻录等方式。

2. 档案的版本

档案的版本是指文件从拟写到办理过程中所形成的不同稿本，如草稿、定稿、正本、试行本、副本等。在实际工作中，各单位都必须使用定稿、正本、试行本、修订本等经过正式程序制发的有效文本。当文件转化为档案时，在版本上要注重选择可靠程度最高的版本，一般只保留原稿、原本，不留存副本。所以，档案是以孤本为主，不像图书那样存在大量的副本。档案的版本特点给管理工作提出了更高的要求。

三、档案的本质属性

（一）档案的社会性

档案是人们在社会活动中直接形成的，其内容是对社会活动的内容、过程及结论的原始记录，而非自然界的产物。因为自然界也存在着大量的对自然现象及其演变过程具有原始记录作用的东西，如动物化石、树的年轮、岩石、山川、河流、森林、沙漠等。这些直观的东西对于人们进行自然科学研究不仅具有原始记录价值，而且是重要的凭据与基础。人们借助相应的理论和技术手段可对其进行研究，发现自然界演化的历史进程和规律，为保护、利用、开发自然资源奠定基础。但档案不是自然界形成的原始记录，而是人类在社会活动中形成的原始记录，其内容虽然会大量涉及自然界，但它毕竟是人类研究、开发、利用自然界的社会实践活动的产物，与自然界形成的原始记录不可混为一谈。

（二）档案的历史性

从时态上讲，档案是已经形成的东西，而不是正在形成的或尚未形成的东西。也正因为如此，这种以往社会活动的原始记录，就可以把过去带到现在或者是未来，也就是所谓的"让历史告诉未来"，从而将过去、现在和将来联系在一起，维系人类社会的时空统一性与整体连续性。所以，人们一般由此将档案看作一种历史文化遗产。当然，它不是人类历史文化遗产的全部，而是其中具有基础性支撑意义的重要部分。

（三）档案的确定性

档案内容信息具有清晰性和确定性。换句话说。档案所记录的内容是清清楚楚、明明白白的，而且这些清晰、确定的信息内容又依附于一定的物质载体形式而存在的，二者缺一不可。这是档案区别于最为邻近的事物——文物的根本点。没有载体形式的原始性信息不能成为档案，没有清晰、确定的信息内容的原始记录物也不能成为档案。

（四）档案的原始记录性

档案是人们在社会活动中直接形成的原始性信息记录，对以往社会活动具有直接的原始记录作用。所以，学术界一般认为，原始记录性是档案的本质特性之一，是档案区别于其他事物的本质规定性所在。但这一本质属性在现实中和许多复杂事物的本质特性一致，并不是表现得很固化，而是具有明显的相对性和动态性特点。因为事实上并不是除了某种具体的信息物，其他都不是档案，而是许多信息物只要对于人们理解、考证以往的历史事实具有程度较深、最可信赖的原始作用，人们就会将其视为档案，并将其作为档案来保存、使用。这也是档案的实际存在形式广泛复杂、多种多样的根本原因。从信息理论和人类之所以保存、使用档案的心理根源及实际需求角度讲，档案实际上是人类追求信息的确定性和可靠性的产物，是社会实践必须有确定、可靠的信息支撑方能有效进行的现实需要的产物。

原始记录性是档案具有可靠的凭证作用的原因所在。因此，保持档案的原始记录性就成为档案管理与利用工作中的一项神圣职责。我们应该明确，无论何时何地，都不允许任何人改变档案的原始信息内容记录的状态，否则档案就会失真，从而造成历史事实的扭曲。在我国，档案的原始记录性受到国家法律的保护。《中华人民共和国档案法》规定，对损毁、涂改、伪造档案等行为，根据情节轻重，给予行政处分，直至依法追究刑事责任。因此，各单位的工作人员以及每个公民必须依法保护档案的原始面貌，维护好历史真实性的源头。

第二节　档案资源的类别划分

一、档案资源的类别划分概述

档案是人类社会实践活动中形成的历史记录，它客观地记录了人们在政治、经济、科学、技术、文化等各个方面的历史发展过程，因此，档案是人类的记忆，是人类生存、发展所需要的重要资源。随着社会的发展和档案资源数量的不断增多，人们往往会从不同的视角来认识档案资源，这就需要对档案资源加以分类。

分类是指以事物的本质属性或其他显著特征作为依据，把各种事物集合成类的过程。它是人们认识事物、区分事物、组织事物的一种逻辑方法。事物的属性分为本质属性与非本质属性。本质属性是事物本身具有的、较稳定的、起决定性作用的属性，而且通过这种属性可以与其他事物区别开来。非本质属性是指除了本质属性以外的其他属性。对事物的

分类要求以事物的本质属性作为分类依据，这是因为事物的本质属性能揭示事物之间的内在联系，有助于人们深入地认识事物。当然，对事物的分类并非一律都要以事物的本质属性作为分类依据，按照人们认识事物的需要，以事物的其他显著特征作为分类依据，也是具有实际作用的。事物的属性是多方面的，因此，对事物的分类也可以是多角度和多层面的。

在档案资源与其他事物的划分方面，我们依据的主要是档案的本质属性。但这种划分对档案资源本身而言，显然是不够的，我们还需要依据其他显著特征对档案资源做进一步分类。就分类而言，档案资源目前主要可分为两个层面，首先是宏观层面的档案资源分类，即档案资源种类的划分；其次是微观层面的档案资源分类，主要包括档案资源的实体分类和档案资源的信息分类。本节主要讨论宏观层面档案资源种类的划分。

对档案资源种类的划分，将有助于我们从宏观上更好地把握各类档案资源的基本属性与主要特征，明确相关档案资源的范围与界限。

二、目前档案资源的类别划分标准

目前，档案资源的种类一般可用形成时间、形成者、内容和形式四种标准进行划分。

（一）依据档案资源的形成时间划分

依据档案资源的形成时间划分，档案资源可以分为古代档案资源、近代档案资源和现代档案资源。

1. 古代档案资源

我国的古代档案资源是指 1840 年以前所形成的全部档案。这些档案形成于不同的载体上，形式极为丰富，有甲骨档案、简牍档案、金文档案、缣帛档案和纸质档案等。出于历史的原因，这部分档案目前保留下来的很少，但古代档案是我国档案财富中的重要组成部分，是研究中国古代历史的珍贵的史料。

2. 近代档案资源

我国的近代档案资源是指 1840 年至 1949 年期间形成的全部档案。其中包括清朝后期、北洋政府、国民政府，以及日伪期间的机关、军队、企事业单位、各种社团及个人所形成的档案。特别值得指出的是，其中还包括了中华人民共和国成立以前，中国共产党及其所领导的人民政权、军队、企事业单位、社团等所形成的档案，即革命历史档案。近代档案充分反映了我国从一个闭关自守的封建大国逐步沦为半殖民地半封建国家的全过程，记录了帝国主义对我国的血腥侵略和反动统治者对外屈膝求和、对内血腥镇压的罪行，也反映了中国共产党领导中国人民进行艰苦卓绝的斗争，终于推翻反动统治，建立中华人民共和国的光辉历程。

古代档案资源和近代档案资源习惯上也称为历史档案资源。

3. 现代档案资源

现代档案资源则是指 1949 年中华人民共和国成立后所形成的全部档案，其中包括中华人民共和国成立后各种机关、团体、企事业单位以及个人、社群所形成的档案。这部分档案资源是我国档案资源中最完整、数量最多的部分，而且随着时间的推移将会不断地得到补充和增加。

（二）依据档案资源的形成者划分

依据档案资源的形成者划分，档案资源一般可以分为法人档案资源和自然人档案资源。

1. 法人档案资源

法人档案资源又可分为国家法人档案和其他法人档案。国家法人档案一般称为公务档案；其他法人，即除国家法人以外的法人，包括集体法人、企业法人、事业法人、社团法人、财团法人等，这些社会组织在其活动中也形成了各自的档案。

2. 自然人档案资源

自然人档案资源，亦称私人档案资源，可分为个人档案、家庭档案和家族档案。

（1）个人档案，即某些个人在社会活动中不断地形成的有关其个人的历史记录，如书信、日记、账册、手稿、各种证明文件等。

（2）家庭档案，即由婚姻关系、血缘关系或收养关系而发生的亲属间的社会生活组织所形成的档案。家庭中各成员在其社会活动中都会形成档案。

（3）家族档案，即以男系血统为中心的亲属集团所形成的档案，一般由宗祠档案、支祠档案和家庭档案所构成。家庭档案与家族档案在积累文件的成员和代数上是不同的，家庭全宗一般不多于三代人的材料，家族全宗则一般不少于四代人的材料。

（三）依据档案资源的内容划分

依据资源内容，档案可以分为普通档案资源和专门档案资源。

1. 普通档案资源

普通档案资源是机关、团体、企事业等单位在行政管理活动中形成的一般档案，以文书类档案为主。我国早期档案资源主要是文书类档案资源。

2. 专门档案资源

社会的发展和科学技术、文化的进步导致了专门档案资源的产生，这类档案资源具有涉及面广、内容丰富、形式各异、记录方式与制成材料多样等特点。专门档案资源是机关、团体、企事业等单位，以及某些个人在从事一些特定活动中形成的全部档案，如科技档案、

会计档案、人事档案、诉讼档案、教学档案、艺术档案、专利档案、军事档案、审计档案、统计档案、病历档案、个人档案、家庭档案等。

（四）依据档案资源的形式划分

依据档案资源的形式划分，档案资源可以分为文字类档案资源、图像类档案资源和声音类档案资源。

1. 文字类档案资源

文字类档案资源是指一切以文字（含数字）为记录方式的档案。它是档案资源中数量最大的组成部分，而无论其载体为甲骨、金属、石料、简牍、缣帛还是纸张、磁带或光盘等。

2. 图像类档案资源

图像类档案资源是指一切以图像（含影像）为记录方式的档案，也是档案资源中的重要组成部分，其载体也呈现出多样性的特征。

3. 声音类档案资源

声音类档案资源是指以声音为记录方式的档案，也是档案资源中的重要组成部分，其载体也具有多样性。

值得注意的是，某些地方将印章、锦旗等事物称为"实物档案"，其在概念上是不准确的。这些印章、锦旗等从本质上而言都应属于文字类档案资源范畴，只是这些档案的载体是石料或缣帛而已。有些以实物状态（非文字、图像和声音）存在的事物，虽然保存在档案部门，其实它们不属于档案。

第三节　档案的价值与作用体现

档案的价值与作用经常被作为基本等同的概念理解和使用。但从严格的科学意义上看，这两个概念既有联系，又有差别。档案的价值是指档案对国家、社会组织或个人的有用性。档案的作用通常是指档案对人们所从事的社会实践活动的影响。它们之间的关系是：档案价值关系在社会活动中的具体体现就是档案的作用。价值具有较高的抽象性，作用则是比较具体的。也就是说，价值通常是从总体上、抽象的、一般意义上表示档案的有益性、有用性，而作用往往从具体的、个别的意义上表现档案的有益性、有用性，可以看成价值的进一步体现和扩展。一般来说，价值具有比较稳定的特征，而作用可以根据社会的发展、需求的变化呈现出多种形式。此外，价值一般是指档案发挥的积极作用，而作用则可以包括正、负两方面。

一、档案价值的内涵阐释

档案生命力的根基，就在于档案自身所特有的价值。"档案管理的价值是档案管理工作和活动存在的目的和意义。"[①]

档案价值可以从以下三方面来理解：

第一，档案价值概念明确了档案价值的主体、客体及档案价值的根本来源、连接档案价值客体与主体的中介物——人类的社会实践活动。档案价值是以社会实践活动为中介的档案客体对主体的意义，它是通过档案与人们主体需要的关系得到体现的。人类的社会实践活动一方面产生对档案的利用需要，另一方面又联结档案客体和主体及其需要，使两者相互作用，从而把潜在的价值关系转变为现实的价值关系。

第二，档案价值是档案客体和主体之间的特定关系，是档案属性与主体需要的统一。档案价值作为"意义"或"作用"，不是一种实体概念，而是一种关系概念，表示客体与主体之间的一种特定关系。在这种关系中，客体——档案及其属性是档案价值的物质基础，离开了这个基础，就无所谓档案价值；主体及其利用需要，则是档案价值得以体现的必要条件。因此，档案价值既不是单纯的档案客体的属性，也不是片面的主体的属性，而是档案客体的属性与主体需要的统一，体现为一种意义或作用。

第三，档案价值是档案客体对从事社会实践活动的主体所具有的凭证和参考意义或作用，它既有档案客体本身的属性作为基础，又有人的主观需要作为其存在的前提，只有在档案的客体属性与人们的主体需要的关系中才能体现出来。

二、档案的作用体现

档案的作用是指档案对人们的社会实践活动所产生的积极影响；同时，档案作用的发挥具有一定的规律性。了解这方面的知识对于我们做好档案工作具有重要的意义。

（一）档案的基本作用

1. 档案是机关工作的查考凭据

档案记录了各种机关、单位过去活动的状况，其中包括行使行政职权的法律依据，处理行政事务的过程与结果以及管理活动的经验，它是任何一个政府、任何一个机关单位连续工作必须查考的凭据。自古以来，如《周礼》中即不乏执掌王命典法令则，"以考政事""以逆邦国都鄙官府之治"之类的记载。《现代档案——原则与技术》认为，档案"是一个政府借以完成其工作的基本行政工具"。我们党和国家历来强调办事要实事求是，各种机关单位为了有效地实行管理，必须切实掌握材料。档案可以为党、政、军等机关、企事业单位的领导工作和业务管理提供证据和咨询资料，借以熟悉情况、总结经验、制定计划、进

---

① 张震霖.档案管理价值体系研究初探 [J].兰台内外，2021（10）：70-72.

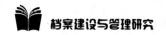

行决策、处理各种问题。否则，只靠记忆处理工作则有时无以为凭，或往往有失准确，对间隔日久的事务人们难免遗忘。

例如，许多机关在建立和健全工作制度、进行改革、落实各项政策和制定规则等各种活动中，大量地查考了档案，顺利地推动了工作。有的地方档案散失，"无案可查"，则给工作造成许多困难。事实证明，大至制定党和国家的方针、政策，小至处理机关单位的具体事务，档案是行政管理的一种工具，充分发挥档案的作用有助于克服官僚主义，提高工作效率。

2. 档案是生产建设的参考依据

档案中记载了各种生产活动的情况、成果、经验和教训。从自然资源、生产手段到生产过程以及计划管理和生产技术等各方面的信息，都可以作为工农业生产和经济管理的科学依据和参考材料。当今日益增多的科学技术档案更是进行现代化生产管理和科学技术管理的重要条件。但是，无论普通档案，还是科学技术等专门档案，总的来说，都在不同程度上和不同的方面反映了经济活动的情况，都能为以经济建设为中心的现代化建设提供咨询研究、统计监督的情报信息，对制订经济计划、检查和总结生产情况、推广先进生产技术和管理经验以及预防灾害等，都是重要的参考材料。

3. 档案是科学研究的可靠资料

无论是自然科学还是社会科学、思维科学的研究，都必须详细地占有材料，才能据以潜心钻研，探索事物发展的规律。档案可以从两方面为科学研究提供丰富的历史资料：一方面，专门进行科学研究的原始记录可供现实的研究工作直接借鉴；另一方面，从记录的广泛事实和经验中，为各项研究活动提供大量的实验、观察和理论概括的基础材料。所以，档案是科学研究的必要条件。周恩来同志在《关于知识分子问题的报告》中指出："为了实现向科学进军的计划，我们必须为发展科学准备一切必要的条件。在这里，具有首要意义的是要使科学家得到必要的图书、档案资料、技术资料和其他工作条件。"我国水利、气象、地震等方面取得的某些科研成果，也是利用几百年来大量有关档案材料经过分析研究的结果。所以人们常常比喻说，它是从事科学研究不可缺少的"粮食"。

4. 档案是宣传教育的生动素材

档案之所以成为宣传教育的生动素材，是因为它以历史性、直观性和原始性等而见长。

档案能够以其内容、含义和外形特征如实地说明历史上的某些事实作为证实国家、集体和个人正当利益的书面文件。因为档案在反映社会各种具体活动的同时，也反映了当事者应有的合法权益，其中包括立法性质的文件，证明文件和相互交往的各种材料。例如，法律、法规、协议、合同、名单、记录、报告与批件、书信、账本、单据、存根等这些原始材料，有的规定了各种社会关系、经济关系和政治关系的组成，有的记载了有关事件的过程，各方面承担的权利和义务以及当事人具有的资历、待遇和荣誉。在这些方面产生疑问、争执或纠纷时，档案最能有力地说明权益的归属，成为权威性的法律证书，并有一定的物证作用。长期以来，为了证实国家、机关单位和个人的合法权益，档案发挥了广泛的作用。许多单位和个人以档案为证据解决了债务、产权和著作权等各种纠纷，证实了个人的学历、经历以及工资、福利待遇方面的诸多问题。

（二）档案作用发挥的规律性

档案的作用是客观存在的，但是其实现的方向、程度和方式因时空环境的不同而有所不同，并表现出一定的规律性。

1. 档案作用从形成单位向社会扩展

档案对其形成单位和对社会的作用具有双重性和过渡性。档案对于形成单位的作用被称为"第一价值"，对于社会的作用被称为"第二价值"。在实践中，出于多种原因，档案的第一价值和第二价值往往不是在同一时间和空间范围内实现，而是由实现第一价值过渡到实现第二价值。

（1）档案第一价值的实现。在档案形成以后的相当长的时间内，本单位需要较为频繁地查阅和利用档案，为解决工作问题服务。这时档案发挥作用的主要场所是单位的档案室。档案对形成单位的作用，是促使形成单位积累档案的动力。档案对其形成单位的作用发挥得越充分，形成单位积累档案的积极性就越高。

（2）档案第二价值的实现。档案的第一价值实现到一定的阶段，单位对于形成时间较长档案的现实利用需求逐渐减少，利用率降低至消失。这时，档案应该从第一价值向第二价值过渡，发挥其社会作用。档案在实现第二价值的时候，它的保管地点需要从形成单位的档案部门向国家设立的各级各类档案馆转移。

2. 档案作用方向的多元化趋势

文件转化为档案以后，不仅从主要发挥现行效用转变为主要发挥历史查考作用，而且发挥作用的方向也会发生一些变化。原始文件的形成往往是出于行政或业务的单一目的或用途，比如，一个单位的员工名册是出于对员工管理的需要形成的，一套修筑铁路工程的设计图纸是出于工程的需要形成的。但当它们成为档案后，发挥作用的方向则可能超越其形成的工作目的或用途，扩展到其他领域。比如，员工名册、账册、房地产契据可以作为研究社会或经济问题的资料，修筑铁路的技术图纸可以作为边界谈判时维护国家领土完整的证据，领导讲话等文件可以成为宣传教育的素材等。

了解档案作用从形成单位向社会扩展的规律作用方向的多元化趋势，有助于我们在对文件进行鉴定时全面地预估档案的价值，准确地为本单位和国家挑选和留存档案。

3. 档案的机密程度逐渐递减

众所周知，一些现行文件具有机密性。当文件转化为档案之后，为了维护国家、单位

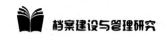

及个人的政治、经济利益，对具有机密性的档案仍须采取保密措施加以管理。所谓保密就是指档案准许利用的范围和利用程度，在这方面我们应该按照国家有关规定执行。

同时，我们又应该看到，随着时间的推移和条件的变化，档案的机密性也会发生变化。一般来说，档案机密性的逐渐弱化是一个总的趋势，表现为档案机密性的强弱与档案保管时间的久暂成反比。档案管理者应该善于利用档案机密程度递减规律，依法逐渐扩大档案的开放范围，广泛实现档案的价值。

4. 档案作用的发挥取决于一定的条件

（1）社会环境。社会环境包括社会制度、国家的法制情况和方针政策、社会的经济发展水平等，它们对于信息公开的程度、档案作用发挥的程度、方向等都有直接的影响。良好的社会环境能够使档案的作用得到充分的发挥。

（2）人们的档案意识。档案意识是指人们对档案的认知水平。人们若具有较强的档案意识，就会引发利用档案的需求，从而使档案作用得以发挥；档案意识淡薄甚至没有档案意识，即使有利用档案的需求，也难以转换为利用档案的现实行为。

（3）档案的管理水平。档案要依靠管理工作才能发挥作用。档案管理体系健全、方法科学，管理手段现代化程度高，工作质量优良，就能够使利用者方便、快捷、准确地获得所需要的档案或档案信息，从而使档案作用得以发挥。因此，提高档案管理水平，实现档案管理的现代化，提供优质高效的档案利用服务，是促进档案作用充分发挥的重要条件。

第四节　档案工作的组织体系

我国档案工作的组织体系主要是由档案室、档案馆、档案行政管理部门，以及其他辅助性机构构成的，这些机构在全国范围内构成了一个结构合理、管理科学、颇具规模的档案工作体系。

一、档案室

档案室是各组织（包括团体、学校、工厂、企事业单位等）统一保存和管理本单位档案的内部机构，是整个单位的组成部分。党、政、军等机关单位的档案室，又是机关的机要部门之一。就全国档案工作来说，档案室是国家档案工作组织体系中最普遍、最大量、最基层的业务机构。

（一）档案室的基本性质

档案室作为全国档案工作体系中最基层的档案业务机构，主要表现出三方面的性质：

第一，档案室是机关的内部组织机构。"机关档案室工作，是机关工作的组成部分，是机关为适应档案管理的自身需要建立的一种专业组织，从事本单位内档案工作的组织管理及档案的保管与提供利用工作。"[①] 从这一点上看，档案室具有对本机关的依附性。

第二，档案室是保存档案的过渡机构。档案源于形成者，是机关管理活动的记录。为了满足档案形成者自身的需要，由本机关在一定时期对档案进行管理、利用是必需的，也是合理的。但是，从国家和社会的整体利益出发，为了使档案成为社会共享的财富并获得良好的保管，档案室也有向国家档案馆移交档案的义务。因此，档案室一般不可能成为永久保管档案的基地，在档案保管上只能是一种过渡性、中间性的档案机构。

第三，档案室的主要任务是服务于本机关。档案室档案的来源局限于本机关，室藏档案构成具有单一性。从档案室档案的价值形态来看，一般仍是处于第一价值阶段，其对机关日常管理工作仍具有很强的现实作用。因此，档案室的服务方向、服务对象、服务范围基本局限于机关内部。

（二）档案室的任务分析

1. 档案室的基本任务

档案室的基本任务是：集中统一地管理本机关各部门形成的各种门类和载体的全部档案，为本机关各项工作服务，并为党和国家积累档案史料。

2. 档案室的具体任务

档案室的具体任务如下：

第一，对本单位文书部门或业务部门文件材料的归档工作进行指导和监督。

第二，接收和保管本单位各部门应归档的档案材料，进行必要的整理、鉴定、统计、编目和研究，积极开展利用工作，同时，收藏和管理一些有关的内部书刊等资料，配合档案提供利用。

第三，定期把具有长远保存价值的档案向档案馆移交。

二、档案馆

档案馆是集中管理档案的专门机构，是永久保管档案的基地，是科学研究和利用档案史料的中心。

（一）档案馆的基本性质

从档案馆管理的对象来看，它是一种重要的历史文化遗产和精神文化财富。

从档案馆的活动方式和工作成果来看，档案馆的工作是一项研究性工作。参与编史修

[①] 四川省档案局：《档案工作基础业务》，四川人民出版社，2017，第14页。

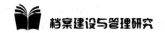

志，汇编各种研究成果，并通过多种方式提供档案利用。

从档案馆的职能来看，它不仅肩负科学管理档案的重任，而且致力于社会化的服务工作。档案馆以其对国家、社会、历史的重大意义而成为一项重要的事业。

（二）档案馆的职责与任务

1. 档案馆的基本职责

档案馆的基本职责是：集中统一管理党和国家需要长远保管的档案和有关资料，维护历史的真实面貌，为现实的社会主义现代化建设和历史的长远需要服务。

2. 档案馆的主要任务

档案馆的任务主要有以下三方面：

第一，接收与征集本级各机关、团体及其所属单位具有长期和永久保存价值的档案以及有关资料，科学地管理。

第二，通过多种方式，积极地开展档案资料的利用工作。

第三，参与编史修志。

三、档案行政管理部门

档案行政管理部门是具有政府行政管理职能的档案事业管理机构。档案行政管理部门本身并不直接管理档案，它是监督、指导和检查档案工作的机构。

（一）档案行政管理部门的基本职责

档案行政管理部门，如各级档案局、处等，是党和国家指导和管理档案工作的部门。我国的党政档案工作实行统一管理，因此，各级档案行政管理机构既是党的机构，又是国家的机构。

档案行政管理部门的基本职责是：在统一管理党政档案工作的原则下，分级负责地掌管全国档案事务，对全国档案工作进行监督、检查与指导。国家档案行政管理部门主管全国档案事业，对全国的档案事业实行统筹规划，组织协调，统一制度，监督和指导；县级以上地方各级人民政府的档案行政管理部门主管本行政区域内的档案事业，并对本行政区域内机关、团体、企业事业单位和其他组织的档案工作实行监督和指导；乡、民族乡、镇人民政府应当指定人员负责保管本机关的档案，并对所属单位的档案工作实行监督和指导。

（二）档案行政管理部门的一般任务

第一，拟定档案工作的规章、办法，建立国家档案工作制度，制订档案工作的发展规划。

第二，指导和监督各机关、部队、团体、企事业单位的档案工作，规划和筹建档案馆，在业务上指导档案馆工作。

第三，研究和审查有关档案保存价值、档案保管期限的原则和标准，监督和审议有关档案的销毁问题。

第四，组织和指导档案工作业务经验的交流、档案干部的专业教育和档案科学研究。

第五，组织和参与档案工作的国际交流。

四、常见的档案工作辅助机构

档案工作的辅助机构主要有以下三类：

档案专业教育机构：档案专业教育机构是为档案工作培养和输送合格的档案专业人才的机构。这些机构主要有综合性大学内设置的档案学院、系、专业，以及档案中等专业学校和档案行政管理部门设置的档案干部培训中心等。

档案科学技术机构：档案科学技术机构是研究档案学基础理论和档案工作应用科学技术的机构。这些机构主要有档案行政管理部门设置的档案科学研究所，综合性大学设置的档案学研究室，以及中国档案学会及其各省、市的分会等。

档案宣传、出版机构：档案宣传、出版机构是通过各种宣传工具和出版物宣传档案工作、传播档案知识的机构。这些机构主要有各级档案部门创办的档案刊物所在的杂志社等。

第二章　档案文化建设与开发

第一节　档案文化建设概述

一、档案的文化价值

作为社会的根基、历史的再现、智慧的保障和文明的传承，档案与文化有着难以割舍的联系，档案具有十分重要的文化价值，因此，档案即文化。"档案管理部门应当正确认识档案的文化价值，并着力推进档案资源文化价值的开发和利用，使其成为社会主义文化建设的重要一环。"[①]

（一）档案的文化记录价值

历史的长河源远流长，任何组织和个人的存在都是历史的一转瞬。没有档案的存在，人们无法了解人类历史的进程，更无法认识人类早期的文明。自从有了档案，也就有了文化发展的记录。在某种意义上，《周易·系辞》中有关"上古结绳[②]而治，后世圣人易之以书契"的记载既是档案的缘起，也是文明的萌发。在甲骨档案被发现之前，中国周朝以前的历史只存在于史书和想象中，缺乏有力证据。直到殷商时期甲骨档案的发现，尤其是其中记载的礼制、天文、历法、地理、医学、艺术等内容，不仅将有据可查的中国历史大大提前，同时也生动地展示了当时社会发展和文明进步的面貌。放眼国际，从尼罗河流域留下的用象形文字形成的泥板档案、巴勒摩石碑和纸草卷《伊浦味陈辞》，可以窥探古埃及文明的神秘；从两河流域用楔形文字形成的泥板档案和刻在黑色玄武岩柱上的《汉谟拉比法典》，可以了解古巴比伦王国的文化精髓。由于这些档案的存在，人类早期的文化成就没有随朝代的更迭和时代的变迁而烟消云散。由于档案的社会记忆性，把档案看成"历史文明之母"和"文化之母"是非常正确的。

---

① 郝红梅：《试论档案的文化价值及其开发利用》，《文化产业》2022 年第 31 期。

② 结绳就是在绳子上打结，用绳子的大小、多少、位置上下，以及绳子的不同颜色，表示不同的意义。

　　档案是人类社会实践活动最真实的反映，国家的产生使得档案利用需求明确化，史官的产生从国家层面肯定了档案和档案工作的价值。儒家经典《尚书》堪称中国最早的档案文献编纂成果，由孔子整理前人的档案资料而成。尽管博学智慧，作为"万世师表"和"千年圣人"的孔子在《论语·八佾》中感叹档案的匮乏："夏礼吾能言之，杞不足征也；殷礼吾能言之，宋不足征也。文献不足故也，足则吾能征之矣。"司马迁的《史记·太史公自序》说"百年之间，天下遗文古事靡不毕集太史公"，依赖历史档案的记载与记录、收集与整理，才有被世人称为"史家之绝唱"的《史记》的问世。

（二）档案的文化传承价值

　　"档案是人类生产实践中形成的珍贵文化资源，既可以起到传播文化的作用，又可以传承文化。"[①]

　　文化传承是指思想观念、经验技艺和其他文化特质在不同时间和空间的传播和交流的过程，它必然依赖一定的载体和媒介。档案是人类社会实践活动中形成的有价值的记录，档案和档案工作本身具有极为鲜明的文化属性，档案机构长期以来都被视为社会文化机构，档案、档案工作和档案机构担负着文化传播的历史使命。但是，档案又不同于图书资料等其他类型的文献信息。出于其本质属性即原始记录性等原因，档案在文化传承过程中更多的是靠档案文献编纂成果得以交流和传递。档案文化在文化传承过程中更普遍地以间接的传播方式进行，传播的不仅是档案的信息和知识内涵，而且是档案作为文化资源所承载的特定文化内容。虽然，人们更多看见的不是档案最初或者原始的"实体"，但是档案的信息和知识内涵以及所呈现的社会文化特性因各种档案文献编纂成果等而流传后世。

　　原始档案在文化传播过程中天然具有的特定局限性，发掘"待字闺中"的档案的文化内涵，是发挥档案文化传承价值的根本途径。不管是以直接还是间接的形式存在，档案作为文化传承媒介的价值始终没有改变。

（三）档案的文化创新价值

　　文化的演化和发展是在逐步累积中实现从量变到质变的，档案、档案工作和档案机构始终扮演着非常重要的角色。就档案本身而言，档案在客观地记录事实、数据和知识的同时，极大地扩展了人类有限的记忆、认知和获取能力，并且不断地对社会政治、经济和文化产生持续的影响。《尚书》的修辞技巧和语言风格对先秦诸子乃至历代政论文和史书及官方文书的体例和行文风格都产生了长期的影响。

　　总而言之，文化的发展和创新离不开档案，档案、档案工作和档案机构是文化发展的基础，文化发展和创新是档案、档案工作和档案机构赖以存在的前提之一。

---

① 郝红梅：《试论档案文化内涵及其功能》，《文化产业》2022 年第 28 期。

二、档案文化的内涵、特征及功能

正确认识档案文化的内涵，加强档案文化建设，是档案工作者义不容辞的责任和使命。

（一）档案文化的内涵阐释

档案文化兼容档案的基本属性与文化的基本内涵，是与人类社会文化活动密切相关的一个有机整体。档案文化作为一种具有特殊内容和表现手段的文化形态，是人们在档案活动即档案产生、传播、管理和利用全过程中创造的物质和精神财富的总和，是与档案、档案工作和档案机构相关联的一切文化要素的总和。广义的档案文化主要包括两大形态：一是基于档案机构的档案组织文化，即档案管理主体（主要是各类型档案机构）在档案产生、传播、管理和利用全过程中直接创造的文化成果，主要属于管理文化的范畴。二是基于档案资源的档案社会文化，即在档案资源的建设、管理和服务中，以档案资源为对象，以档案资源开发为手段，通过创造和提供多类型、多层次、多载体、多功能的档案文化服务和档案文化产品，深刻揭示档案资源及其蕴含的文化内涵、全面服务经济社会发展的文化成果，主要属于社会文化的范畴。

狭义的档案文化通常指的是第二种形态，即基于档案资源的档案社会文化。在某种意义上，对一个城市、一个社区、一所学校来说，一砖一瓦、一人一事、一物一景都是档案，都是文化，都是档案文化。档案文化绝对不是整齐的架柜、生硬的卷盒和冰凉的纸张，而是隐藏在档案案卷、文件和实物背后那些感人的故事、生动的经验和鲜活的启示。这里的档案文化指的就是基于档案资源的档案文化。对大多数人来说，一般使用的都是狭义的档案文化概念。

但是，档案文化概念必须具有完整性和全面性。档案组织文化和档案社会文化都是广义的档案文化的重要组成，缺一不可。没有优秀的组织文化，就没有优秀的社会文化。没有具有高尚文化品位的档案机构，没有具有良好文化素养的档案人员，就不可能产生优秀档案文化的建设者和创造者。因此，本书专门在第二章中讨论档案机构组织文化建设问题。

（二）档案文化的特征表现

档案文化既依托于档案本身，又不局限于档案本身，是档案和文化的深度整合，是特定社会发展背景下的文化形态的表征和揭示。

1. 档案文化的稳定性与适应性

档案文化不是对未来的无端揣测，而是对历史的真实反映。由于档案本身所承载的文化信息的原始记录性，因此档案的文化形态具有相应的稳定性。档案资源与其他的文化资源不同，例如，文艺小说可以由创作者自由创作，而档案资源具有明确的客观性。档案文化是档案活动中各种要素之间持续作用的结果，是社会文化系统的子集。由于社会文化的发展与社会生产力的发展紧密相关，技术的革新和观念的改变等都会带来文化的变革，档案文化和其他文化形态的相互交流，也必然要与时代的发展相适应。这种适应性不仅表现在档案管理和服务的环境演化和技术革新，还表现在档案管理和服务理念的改变，从而带来档案文化服务和文化产品的发展。

2. 档案文化的独特性与广域性

档案文化的独特性是由于档案的形成和发展具有明确的地域性和个体性，基于不同的区域和范围的档案资源而逐步形成的。虽然档案文化具有时间和空间上的独特性，但是在现代服务理念的引领下，档案的利用壁垒逐步打破，档案的开放获取逐渐发展。在档案文化资源的开发中，越来越多的研究者不再局限于现有的范围和手段，而是具有明确的跨学科、跨时空的开放视野，这就使得档案文化开发和档案文化成果又具有强烈广域性的特点。

3. 档案文化的客观性与再造性

档案客观地记录了社会活动及其当事人的行为，是真实状态和真实意图的直接反映，保留了最客观的历史标记。档案是后世了解历史的依据，是后代与前人"对话的载体"。正由于档案文化依托于档案，客观性是档案文化内在的、必然的、根本的规律性要求，也是档案文化的特色和生命力的体现。档案文化的真实性要求档案文化的发掘和传播必须以档案本身为基础，各种档案文化资源的开发利用活动必须以真实性为前提。同时，在档案资源的开发中，可以根据研究开发者对于档案的理解，并且结合其他文献进行不同角度的阐释，这也是档案文化再造性和活力之所在。

4. 档案文化的继承性与发展性

档案文化依赖有效的档案资源管理和利用，以档案编研为基本手段的档案资源开发是保存国家记忆、保护文化遗产和增强文化自信的基本途径。在继承现有技术和手段的同时，应用现代信息组织技术、面向研究开发者需求构建数字档案的档案文献保障机制，构造从编研选题到资料收集、从资料分析到成果传播全面计算机化的档案资源开发策略，实施以数字档案收藏为基础、综合利用档案资源与各种非传统档案的档案资源开发方式，成为档案文化建设的常态。依托于技术的变革，档案文化呈现发展视角多学科和信息化、方法手段自动化和智能化、开发成果数字化和多元化等特点。

（三）档案文化的重要功能

档案文化作为社会文化的有机组成部分，发挥着重要的功能。

1. 文化积淀功能

历代社会文化中积淀着人们的文化创造和文化传播成果，世代相承且丰富多彩。时间越长，文化积淀也就越深厚。没有历史文化的积淀，现代文化也就成为无源之水、无本之木。正由于档案承载着人类的文化，丰富的档案资源无疑成为人类社会文化信息的存储器和仓库，成为人类社会文化发展历史的真实写照。中华文明的持续发展与档案的持续收藏密切相关。例如，中国殷商时期的甲骨档案库，周朝的天府，汉朝的石渠阁、兰台、东观，唐朝的甲库、史馆，宋朝的内阁库，明清两朝的皇史宬，清朝的内阁大库等，都是具有档案馆性质的古代档案文件保管机构。它们所收藏的档案文献翔实地记载了人类社会发展的历史轨迹，承担着为社会保存历史文化财富、维护历史真实面貌、促进社会发展进步、延续人类社会文化的重要使命。反之，如果没有文化积淀，任何人类文化都将是"短命"的。有了档案，文化得以积淀，呈现其光辉。

档案文化积淀功能的实现有多种方式：

（1）通过档案收集保管来实现。

存储档案是档案机构的基本职责之一。档案机构自诞生之时起，就扮演着档案材料的保管基地和集中积淀历史文化的角色。

多年来，各级档案机构认真履行档案收集保管的职责，发挥了文化积淀作用，为国家和社会积淀了大量的档案文化遗产。档案收集不再局限于传统的范围，还要有效地拓宽管理视野。例如，浙江档案馆设立了艺术品专库，其藏品是反映当地历史、城市风貌、地理、建筑的油画、水彩画和肖像画等。根据社会的不同需要，广泛地征集、收藏各种类型的档案资料，进一步夯实了档案文化资源的基础。

（2）通过档案编研来实现。

档案编研是存储历史文化的一种重要形式。孔子编写的《春秋》、司马迁编著的《史记》、司马光撰写的《资治通鉴》，无不凝聚着历史文化积淀的成果，都是在前代历史的基础上写成的。盛世之年，编史修志。国家史、地方史，县志、乡志，教育史、文化史，组织史、人物史，凡此等等，无一不是档案文化和历史文化的积淀和凝结。以馆藏档案资料为基础，将积累下来的档案经过编研，汇编成志书和年鉴等文化产品，可以全面反映当地社会发展和经济文化建设的历程，承载丰富的档案文化和历史文化。要以"名人建档""城市记忆""文档图库""口述档案"等为载体，在建设具有示范性、代表性，保护与利用效益并重的优质档案文化资源库的基础上，加大档案编研工作的力度，传承历史，造福后世。例如，四川省档案局（馆）等推进实施档案编研精品工程，探索通过档案部门自身编研力量的整合和引导社会力量参与档案编研精品的创作生产，逐步提高档案编研成果开发社会化、组织化、市场化程度，加大档案编研产品宣传推广力度，提升档案文化产品的社会和经济效益。

2. 文化教育功能

档案机构作为实现档案文化教育功能的主要阵地，具有十分重要的作用。

（1）档案馆和各级各类学校的"联姻"。在许多城市，一大批中小学校把档案馆作为学校的第二课堂，中小学生到档案馆，不仅可以领略国家和社会尤其是地方历史文化的变迁，接受爱国主义教育，而且可以接触到许多科学文化知识，包括档案管理方面的知识。例如，上海市档案馆外滩新馆曾推出"档案知识系列讲座""发现身边的档案""成长档案的制作"等免费讲座。该馆专家指导学生如何从点滴入手，发掘生活中有价值的票证和资料；收集、整理建立家庭档案；回顾自己的学习、生活历程，建立成长档案；用多媒体技术将数码照片、图片、录像等电子文件整理归类，制作电子档案。

（2）以建设爱国主义教育基地为抓手。近年来，各级档案馆围绕着建设爱国主义教育基地，面向社会，尤其是青少年，开展以爱国主义教育、集体主义教育和社会主义教育为主要内容的档案文化教育活动。同时，许多高等学校努力把学校档案馆建设成为文化素质教育的基地，尤其是近年来许多高等学校实施了档案馆和校史展览馆一体化建设模式，进一步促进高等学校档案机构在文化素质教育中的功能发挥。

（3）运用多种途径实现档案文化教育。各级档案机构的文化教育对象具有明显的广泛性，可以面向不同专业、不同职业、不同年龄、不同文化水平的社会人群，结合各类重大活动，利用馆藏档案等，充分挖掘档案中真实的事例，用大家喜闻乐见的形式对公众进行广泛的思想道德教育，让大家都能从档案资源中获取科学文化知识，提高自身政治思想和文化素质。例如，浙江绍兴上虞区档案馆收藏的1920年8月出版的《共产党宣言》中文首译本，是首译本中最为完整的文本。中央电视台和各家报刊等多家新闻媒体多次报道，上海党的一大会址和浙江嘉兴南湖党的一大纪念馆先后多次借展。丰富而珍贵的馆藏档案吸引了许多青年学生来馆参观，接受形象直观的爱国主义教育，不仅收到良好的档案文化教育效果，而且扩大了档案馆的社会影响。

3. 文化传播功能

档案机构自身的性质和任务决定了它不仅具有文化积淀的功能，而且具有文化传播的功能。档案机构不仅是一个文化积淀的中心，而且是一座连接历史和现实的桥梁，是档案文化传播的重要媒介和场所。档案机构具有较为强大的档案信息采集、加工、整合、传递、交流能力，既是文化信息的存储基地，更是文化交流和文化传播的重要基地。

第一，通过档案查询传播档案文化。作为历史陈迹的档案具有无可置辩的证据作用。档案原件记载了各种生产、科研、基建等活动的情况，可以完整地反映其成果、经验和教训。人们在熟悉情况、总结经验、制订计划、研究案例、处理问题、预防灾害时，常常需要从档案原件中参考先前的记载。查询利用档案是档案文化传播的最基本方式。

第二，通过档案展览传播档案文化。根据社会发展的需要，举办各类档案展览，包括实体展览和网络展览等多种方式，系统或专题揭示和介绍档案机构保存档案的内容是档案利用和档案宣传的重要手段。

第三，通过编史修志传播档案文化。中国历代统治者十分重视文化传承，组织人员依据前代留下的档案记载，通过编纂大量的档案文献，开展编史修志工作。这些史书志书作为档案文化传播的载体和手段，对中华文明的传承和发展发挥了重要的作用。

第四，通过新媒介传播档案文化。随着现代科学技术的发展，电子媒介等新媒介应运而生，档案文化活动日益丰富多彩。新媒介在保证共享档案文化的同时，大大增强了档案的易懂性、可读性和可查性。北京电视台《档案》栏目与《中国档案报》的跨媒体合作就是档案文化传播的创新模式。《档案》以第一手档案资料、引人入胜的故事、立体鲜活的画面打响了档案栏目品牌。《中国档案报》发挥平面媒体的优势积极宣传《档案》栏目，让《档案》栏目进入更多观众的视野。大型档案文献纪录片《百年中国》运用数万张照片、数百分钟录音带、数万米胶片和数百箱资料，将中国百年社会文化形态以生动形象的方式呈现在人们面前，让百年的文化积淀融入现代生活并鲜活起来，有效地强化了档案文化传播的功能。

4. 文化休闲功能

随着公众休闲时间的增多和精神文化需求的扩大，各级档案机构日益重视"以人为本"，加强档案文化软实力建设，努力打造温馨、便民、公益、开放的公共文化场所，档案文化休闲功能进一步展现。在社会文化素质普遍提高的今天，市民到档案馆利用档案并不一定有解决特定问题的目的，但肯定有利用档案了解历史、开阔视野、陶冶情操等文化休闲的需要。

一方面，准确了解社会需求。要在准确了解社会需求的基础上，积极开发文化产品。休闲有很多方式，有人爱养鸟，有人爱种花，有人爱收藏，有人爱猎奇。档案机构可以把一些珍贵的艺术档案如书法作品、绘画作品以及其他珍贵的文件或实物等制成复制品、仿真件，作为文创产品出售给爱好者鉴赏和收藏。美国国家档案馆就把自己的馆藏珍宝制作成众多的复制件，向参观者出售。加拿大国家图书馆和国家档案馆设有音乐厅，结合传统节日或纪念日，播放历史影片。同时，他们还邀请当代最流行的乐队或歌手前来举办音乐会，放映最新上市的影片。中国第一历史档案馆、故宫博物院、湖南广电集团等联合摄制《清宫秘档》，首次利用第一历史档案馆所藏 1000 万件清代档案，真实展现和揭示许多鲜为人知的历史谜团和历史悬案。

另一方面，突出馆藏特色资源。以馆藏特色资源提升文化服务品位。市民出于休闲的目的来档案馆，为的就是放松心情，提升内在文化修养。要满足这种需求，档案机构可利用馆藏特色开展特色服务，在开展寓教于乐的档案文化教育的同时，通过多种途径，多样化展示实物档案、珍贵档案，让大家在文化休闲中潜移默化地接受历史和传统的教育。为了满足档案"文化休闲"的口味，档案机构应加大特色档案收集的力度与范围，尤其是展示本地风土人情、历史变迁、历史事件等带有"古韵"色彩的档案资料，记载名人生平、名人传记、名人逸趣的名人档案，"绘声绘色"的声像档案、多媒体档案，以及反映珍贵历史、家庭更迭的宗谱档案、家庭档案等。

三、档案文化建设的意义及任务

（一）档案文化建设的重要意义

档案文化是社会文化的重要组成，档案文化建设是文化强国建设的重要内容。

1. 人类文明进步的阶梯

大力加强档案文化建设是服务社会主义文化大繁荣大发展的重要手段，是推进文化强国战略的迫切需要，是新形势下档案工作实现新的跨越式发展的重要举措，是推进档案强国战略的根本要求。档案文化具有强大的感染力和生命力，既可以提升档案机构的生机活力，增强档案人员的责任感和使命感，又可以促进档案事业的科学发展，推动社会文化的不断进步。档案文化建设要在档案活动的全过程中积淀、挖掘、整合和丰富档案文化的内涵，实现促进经济社会全面、协调、可持续发展的档案文化功能。

2. 坚定文化自信的保证

要实现中华民族伟大复兴的中国梦，必须坚定"四个自信"，即中国特色社会主义道路自信、理论自信、制度自信、文化自信。其中，文化自信是更基础、更广泛、更深厚的自信。坚定文化自信，必须始终坚持民族的文化认同，坚持文化的科学发展，坚持文化成果由人民共享。

档案资源不仅是文明进步和社会发展的全景记录和客观写照，而且是表征、传承和滋养优秀文化的重要载体和"母资源"。因此，根植于积淀深厚的档案资源，档案文化建设是深入挖掘、科学阐释和大力弘扬中华优秀传统文化、革命文化和社会主义先进文化的根本途径。

面对新形势、新任务和新要求，档案工作者必须以勇于文化传承、善于文化传播、敢于文化创新的自觉性和创造性，深入开发档案资源，不断推出符合党和人民要求、满足社会需求、体现档案文化特色的精品佳作，努力形成档案文化建设的新成果和新经验，在夯实文化自信基石、增强文化自信动力、明确文化自信根本中，为坚定文化自信，发挥更加积极而突出的作用。

3. 档案事业发展的生命线

在理论上，档案文化建设要努力构建适应时代发展的档案文化发展体制和机制，创新档案文化发展思维，探索档案资源开发方法，科学地指导生动的档案文化建设实践。在实践中，档案文化建设要始终坚持以人为本，积极开展满足社会需求的档案资源开发活动，提供和创造更多更好的档案文化服务和文化产品。只有建设面向社会、面向时代、面向未来的新型档案文化，才能够最大限度地实现档案资源本身的价值，推动档案事业和文化事业的科学发展，实现档案文化乃至社会文化的传承创新。

（二）档案文化建设的具体任务

在新的历史时期，档案事业迎来了新的发展契机，也面临新的发展挑战。档案文化建设是一项持续而庞大的系统工程，做好新形势下档案文化建设工作，对于推动经济社会科学发展、维护国家安全和社会稳定、维护人民群众合法权益、提高党的执政能力和政府管理水平，具有重要的意义。档案文化建设需要广大档案工作者不懈努力，如此才能健康、全面和可持续发展。

1. 有效提升档案文化自觉自信

档案文化建设是档案事业发展的内生性动力，是档案工作责无旁贷的历史使命和当代责任。一个时期以来，由于受思想观念和管理体制的影响，部分档案机构的文化特征在一定程度上有被弱化和淡化的现象。目前，社会各界尤其是档案界已经充分认识到档案文化对于档案事业发展和社会各项事业发展的重要性。但是，要想档案文化建设步入科学发展的快车道，还需要进一步统一思想认识，提升档案文化自觉自信的责任感和使命感。尤其需要社会进一步提高档案意识，更加有效地支持档案事业发展和档案文化建设。要使档案文化建设成为国家实施文化强国战略和档案强国战略的具体行动，就必须深刻认识档案文化建设的重要性，极大地提升档案、档案工作和档案机构的社会影响力，将档案文化建设作为档案工作者义不容辞的责任，从而提高档案文化建设的内生积极性、主动性和创造性。

2. 逐步扩大档案文化建设视野

档案文化建设的创新实践，离不开档案文化理论的正确指导。大力加强档案文化建设必然要首先深化理论研究，逐步扩大档案文化建设的视野，尤其是国际化视野，形成实践与理论的相互支撑。要认真反思传统的"收管为主，利用为辅""先占有，后开发"的思维模式，充分理解新形势下档案文化建设的基本内涵、功能特征和时代特点，真正从档案文化建设的需要出发来进行档案文化建设。深化档案文化理论研究就是要对困扰档案文化建设的各种现实问题进行科学的分析，准确把握档案文化建设的方向，在厘清档案文化若干基本理论问题的基础上，学习和借鉴国外的先进经验，积极探索档案文化建设的方法、理念、制度等，提高档案文化建设成果的前瞻性、预见性和效用性，使档案文化建设走上科学的发展轨道。

3. 合理规划档案文化发展进程

在档案文化建设中，要充分发挥档案管理部门的宏观调控职能和行政监管职能，进行科学的顶层设计，研究和制订档案文化建设的中长期发展规划，为档案文化建设指明发展方向。在制定档案文化建设发展战略时，要找准档案部门在社会主义文化大发展大繁荣的历史方位，明确档案文化建设与其他文化系统的互动关系，鼓励开展更加广泛的档案文化建设项目合作，凝聚和发挥社会力量共同研究、参与档案文化建设，积极整合高校、文化、史志等领域的专家学者，深入开展档案文化建设工作。要有针对性地开展档案文化建设应用研究，重点围绕历史文化研究、名人研究、当代城市记忆研究和现代档案文化传播研究等开展工作，抓好档案文化品牌建设，建立健全档案文化创新工作机制，加大档案文化建设的政策扶持力度，为档案文化建设注入更多更新的活力，为档案文化建设拓展新的发展空间，更好地推动档案文化建设向系统化、高层次发展。

4. 进一步夯实档案文化建设基础

档案文化建设要真正打破传统的、被动的"少作为""慢作为"甚至"不作为"的发展定式，树立更加积极和主动的保存记忆、传承文化的发展观念，加大民生档案资源的接收力度，主动收集"三名三大"（名人名家、名品名企、名胜名迹，大事件、大活动、大项目）等重点档案资源，高度重视城市记忆、文化遗产、民族风貌等特色档案资源，以形成个性化、特色化的馆藏资源体系，为档案文化建设奠定扎实的资源基础。

档案文化建设需要满足不同公众日益增长的文化需求，档案文化服务的提供和档案文化产品的开发要与社会需求相契合。不仅要积极开展档案文化需求的调研，而且要把档案文化宣传作为营造档案文化氛围、激发档案文化意识的重要途径，让档案文化走进基层、走进市民、走进社区。要更为主动地开展档案文化推送服务，提升公众参与热情度，促进社会公众广泛参与档案文化建设，推动档案文化和社会文化的繁荣与发展，从而为档案文化建设奠定良好的需求基础；要增加经费投入，实施重大档案文化建设项目，带动和推进公益档案文化服务与档案文化产品的政府采购、服务外包、档企合作，创新档案文化业态；要紧紧抓住推进新一轮文化基础设施建设的有利时机，做好档案机构新馆建设和馆舍改造工作，特别是从体现文化性、公共性、时代性，满足文化功能要求出发，进一步改善档案管理和服务的基础设施条件，强化档案文化的外在表现。

5. 不断完善档案文化建设机制

档案文化建设是需要政府机构、相关部门和民间组织等积极合作的庞大的系统工程。档案机构要在重视自身文化建设的同时，在社会文化建设中承担更大的责任，广泛调动社会有志之士参与到档案文化建设中，以期获得更多的人力、物力、财力支持。要努力构建档案资源共建共享的长效机制，开展跨部门、跨机构的协作，尤其是要加强与文化馆、博物馆、图书馆等文化机构的协同创新，科学建立档案文化建设评价机制，通过定性与定量相结合的方式，对档案文化建设过程和结果进行监察、督促、测量和评价，总结和交流档案文化建设发展的经验，加快推进档案文化建设步伐。在新的时期，要积极探索建立以档案资源为根本，档案文化产品公益性服务和市场化开发相结合，以推进档案历史记忆和文化传播为重点，以现代文化产业链为依托的档案文化创新机制。要从档案事业转型发展的要求出发，进一步强化档案文化的现实功能，推进档案文化建设功能拓展、资源重组、流程再造，完善档案机构和相关部门在档案文化建设中的职能分工，进一步转换机制、增强活力、提升能力；要紧紧抓住当前深化文化管理体制改革的发展机遇，进一步理顺档案管理部门与文化管理部门在档案文化建设中的管理职责，更好地发挥档案机构在档案文化建设中的主体地位和引领作用；要进一步加快档案文化建设法治化进程，按照档案文化建设战略格局，形成体现档案文化建设特点、适应档案法治建设总体要求的政策法规体系，确保档案文化建设的法规保障和政策支持；要加强档案文化队伍建设，重视档案文化人才的引进、培养和资源配置，营造良好的档案文化人才发展环境。

第二节　档案机构组织文化建设

作为档案文化建设的主要承担者，档案机构只有首先加强自身的组织建设，尤其是组织文化建设，才能形成强大的档案文化建设力量。

一、档案机构组织文化概述

档案机构在建设档案文化的过程中，必须把自身的组织文化建设放在更加重要和突出的位置上，努力培养、孕育和固化实现自身和社会双赢的优秀组织文化。

一般而言，组织文化就是一个社会组织所创造的独具特色的精神财富，是社会组织的道德规范、价值观念、人际关系、管理风俗、精神风貌、行为取向及与之相适应的组织活动的结合。

档案机构组织文化是组织文化的特定类型，是档案机构及其成员以档案管理和档案事业的发展环境为空间背景而共建和共享，由物质文化、制度文化、行为文化和精神文化共同组成，在长期的档案管理和服务实践中不断创造和逐步形成的文化形态。四种形态的档案机构组织文化具有层级性。在档案机构组织文化建设中，必须以物质文化建设为基础，以制度文化建设为保障，以行为文化建设为载体，以精神文化建设为方向，逐步构造合理、完备、协调、效用的档案机构组织文化结构。

作为物质形态的档案机构组织文化是立足于社会整体发展和自身发展，为实现档案机构的管理和服务职能，为发挥每一名档案人员的社会价值，提供和睦友爱、心智愉悦、严肃活泼、保障有力的物化环境，是社会活动与文化活动交融的结果，主要包括档案管理和服务活动的社会投入（经济投入、物质投入和管理投入等），以及由此形成的档案资源建设体系、服务利用体系和安全保障体系等。

作为制度形态的档案机构组织文化是形成和调控档案人员在档案管理和服务活动中各种关系的程序化、制度化手段的组合，从档案人员的社会责任感和价值认同感出发，确立可持续发展的档案机构的道德准则和运行体制，是整体发展和档案机构内部组织或个人活动的基本依据和总体要求，主要包括档案政策法规、道德规范、行为准则等。

作为行为方式的档案机构组织文化，是每一名档案人员在档案管理和服务活动中约定俗成的规律性行为方式的展现，伴随人际交往和管理过程中外在的道德力量和行为规范的演化而不断更新，是与技术力量和资源形态的演化相关的行为和需求，主要包括档案利用行为、档案管理行为和公共关系行为等。

作为精神观念的档案机构组织文化，是在前面三种文化形态的基础上，作为群体的、精神的、内化的社会意识和文化素养的提炼和升华，形成具有独特性的档案管理和服务价值系统和观念系统，是文化精神的全面展示和集中体现，主要包括档案意识、价值取向、精神风貌等。

要完成档案文化建设的历史使命，档案人员和档案机构首先要有文化。档案机构组织文化建设不仅是自身发展的迫切需要，更是建设档案文化的根本要求。档案机构组织文化建设的根本目的，就是要让每一名档案人员在优美的环境中感悟文化，在愉快的工作中创造文化，在高尚的生活中滋润文化，在持续的发展中享受文化。

虽然组织文化具有多种类型，但是，档案机构组织文化也不能简单地归属于哪一种类型之中，应该根据性质和特点开展组织文化建设，充分体现其组织宗旨，形成"敏、同、强、实"的组织文化一般特征，即要具有敏锐的前瞻性——准确而有力地把握发展的趋势、潜在的需求和可能的商机，共同的使命感。为了组织发展效益而形成宽严有致、精诚合作的团队精神，顽强的竞争力——直面严肃的社会内外竞争环境而不会被任何艰难困苦所吓倒，把切实的责任心、良好的主人翁意识和踏踏实实的管理作风融入富有挑战性的工作中。

二、档案机构组织文化建设的原则、思路及程序

档案机构组织文化不能只是一个简单的概念，而要使其在日常生活工作和整个档案机构中随处可见，且将每名档案人员及其行为真实地融入其中。无论是服务环境的布置，还是对档案人员的关爱，或是整体的发展理念，档案机构组织文化必定有一个具体的表现形式，档案机构组织文化建设具有十分重要的意义。

（一）档案机构组织文化建设的原则

建设优秀的档案机构组织文化必须充分了解文化发展现状，形成和坚持文化建设的若干基本原则。

1. 前瞻性原则

信息时代可以说是瞬息万变。档案机构组织文化建设更是一项面向未来，向未来学习的系统工程。在档案机构组织文化建设方案的规划设计和具体实施过程中，档案机构要时刻体现前瞻性。也就是说，要努力适应未来的发展变化，必须充分考虑到档案机构以及内部机构和档案人员的潜在的文化需求，有正确的预判和分析，有科学的规划和步骤，有完善的机制和体制，有良性的控制和调节。

2. 适切性原则

正由于档案机构组织文化具有鲜明的实践性和创造性，因此档案机构组织文化建设必须始终把适应组织管理和发展需要，切合档案人员的发展实际作为基本出发点。因此，在档案机构组织文化建设中，档案机构同样要制定"可望而可即"的建设目标，打造全员参与的活动机制，形成全程管理的评估手段，完善效用明显的激励方式，体现促进发展的现实功能。

3. 引领性原则

档案机构组织文化建设来源于现实，服务于现实，更要超越现实，引领现实。每一个档案机构必须有在社会文化事业和同行同业中承担领头羊作用的发展意识。在档案机构组织文化建设的方方面面，都要走在时代发展的前沿，紧密跟踪信息技术、信息管理、组织管理和社会发展的最新动态，突出创新性，增强责任感，保持先进性，把对信息时代和文化建设的深刻理解具体落实到档案机构组织文化建设中。

4. 渐进性原则

文化既是具体的，也是抽象的。因此，任何组织机构的文化建设目标的实现都不是一蹴而就的，必须保持合理的张力。在档案机构组织文化建设中，档案机构既要有文化建设的中长期目标和发展规划，又要有文化建设的近期目标和发展措施。尤其是对于档案机构组织文化建设中已经存在的各种问题，要有正确而客观地发现问题、分析问题、认识问题和解决问题的能力。既要抓住问题的症结，又要重视问题的实质，从而形成切实可行、循序渐进的解决问题的方法和对策。

（二）档案机构组织文化建设的思路

每个不断成长的档案机构不仅要在自身的科学发展中凝练高水平的组织文化，而且要让每一名档案人员主动塑造高品质的组织文化。

1. 档案机构组织文化建设的指导思想

基于对组织文化建设现状的分析和认识，档案机构组织文化建设的指导思想是：始终坚持科学发展，始终坚持以人为本，始终坚持文化先行，始终坚持文化兴档，紧密围绕发展目标，不断服务中心工作，准确把握文化需求，切实强化建设意识，有效凝结档案机构的组织合力，充分激发档案人员的文化潜力，全面形成档案管理和服务效能，切实履行档案机构的职责和职能，为档案机构的可持续发展努力提供强有力的文化支撑和文化保障。

2. 档案机构组织文化建设的总体目标

根据组织文化建设的指导思想，档案机构组织文化建设的总体目标是：充分体现文化建设的积极性、主动性和创造性，全面打造积极向上、和谐包容、健康文明、奋发图强的文化氛围，积极构造具有当今社会特点、信息时代特征、档案事业特质、自身发展特色的优秀组织文化，在档案管理和服务中逐步实现从监督到咨询的转变、从指导到引导的转变、从约束到协调的转变，建设学习型、和谐型、成长型档案机构，努力成为大信息行业和大文化事业中的文化标杆。

第一，把握当今社会的特点。要真正实现其社会宗旨，任何一个社会组织都必须时刻把准社会发展的脉搏，在社会发展的大转盘上运行，因为社会组织既是社会的独立机构，又是社会的有机组成。当今世界正在发生广泛而深刻的变化，当代中国正在发生广泛而深刻的变革。这是一个难得的重要战略机遇期，也是一个面临严峻挑战的关键时期。因此，要充分把握当今社会机遇与挑战并存、困难与希望同在的发展特点，尤其是档案文化建设的新形势和新任务，档案机构最重要的一点就是要努力形成既"脚踏实地、正视现实"，又"登高望远、勇于变革"的文化特质。

第二，契合信息时代的特征。信息时代是一个面向未来的时代、与日俱新的时代和科学发展的时代。作为大信息行业的重要组成，档案机构必须充分契合信息时代"求新、求实、求发展"的特性，具有组织管理和文化建设的主动性和紧迫性，要在跟踪文化发展前沿、引领组织文化变革、提供先进文化支撑中发挥更大的作用。

第三，凸显档案事业的特质。当今的档案事业正处于一个管理观念大嬗变、管理方法体系日益综合化、管理技术手段不断深化、管理环境更加复杂多样、管理矛盾更加明显突出和管理活动更加机敏多变的时期。档案机构组织文化建设必须正视信息化技术条件下和文化大发展背景下档案管理和服务的严峻现实和光辉前景，对发展环境做出能动的反应，而不是对发展条件被动的等待，以文化建设为驱动力，坚持"文化搭台、发展唱戏"，科学制定发展战略，积极变革思维模式，不断追求最大管理和服务效益。

第四，打造自身发展的特色。对档案机构来说，要充分调动每一名成员的积极性、主动性和创造性，必须立足于实际，了解发展现状，将个人的发展需要与机构的发展目标有效对接，共同创造未来的美好前景。在档案机构组织文化建设中，走出一条特色化的建设道路既是基础，更是关键。

（三）档案机构组织文化建设的程序及要求

按照文化建设的一般程序，档案机构组织文化建设主要包括顶层设计、战略规划、应用推进、评估分析和文化再造等发展步骤。其中，顶层设计是在环境分析和需求分析的基础上，对文化建设的总体目标和长期目标进行科学的确认；战略规划是依据总体目标制订具体的实施规划，对文化建设活动进行工程化设计，明确其重点和步骤；应用推进是在管理和服务工作中具体实施文化建设规划，同时进行合理的管理和控制；评估分析是对文化建设的实施效果进行客观评价，发现其中存在的问题，总结取得的成绩和经验；文化再造是在评估分析的基础上，寻求进一步提高文化建设效果的方法和手段，实施新一轮文化建设方案。

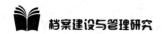

在不同的组织文化建设阶段，要充分突出建设的重点任务，明确不同的发展要求。在顶层设计阶段，应注意文化建设目标设计的合理性和实现各层次目标的可操作性，把调查研究和专家咨询作为工作的重点；在战略规划阶段，应注意文化建设方案制订的系统性和推进建设方案的条件保障，把方案决策和试运行作为工作的重点；在应用推进阶段，应注意全员参与文化建设的广泛性和文化建设控制管理的充分性，把目标管理和实时控制作为工作的重点；在评估分析阶段，应注意文化建设评估机制的全面性和文化建设评估方法的公开性，把第三方评价和对策分析作为工作的重点；在文化再造阶段，应注意确立发展新目标的可持续性和文化建设与机构运行的协调性，把环境分析和文化转型作为工作的重点。

三、档案机构组织文化建设的有效措施

对于任何一个档案机构，形成优秀的组织文化是管理人员的共同目标。要实现其引领行为方式的导向功能、打造优秀团队的凝聚功能、规范管理活动的约束功能、激发工作活力的激励功能、优化发展氛围的调谐功能、形成共同价值的控制功能和推广文化效能的辐射功能，档案机构组织文化建设任务十分艰巨。由于社会组织文化类型丰富，档案机构要形成自己的组织文化特色，以促进档案机构自身的发展。

（一）完善物质文化

在档案机构组织文化建设中，物质环境的建设要与档案机构的整体要求相适应，并且突出体现档案机构自身的文化品位和文化特质。

1.深化环境管理意识，营造良性发展氛围

档案机构要把物质文化建设作为重要的基础，具有把握环境的敏感性、调谐环境的均衡性和作用环境的实用性。档案机构既要努力适应管理环境的需要，也就是要遵循社会发展和组织发展规律，又要以自身的活力去改变和影响管理环境，也就是要发挥其主观能动性。

要把大环境与小环境有机地加以结合。其中，大环境就是档案机构的外部社会化环境，它为档案事业改革与发展提供了施展拳脚的大舞台；小环境就是档案机构的内部组织发展环境，展现了档案机构在档案事业改革与发展中具有的强大凝聚力和进取心。

要正确理解、适应和发展信息时代的档案机构的特质。档案机构要不断培养其知识型、学习型组织的特质，不断增强档案管理和服务的实力并切实提高档案管理和服务水平，以积极、自觉的"抢滩意识"迅速成为信息服务和文化建设的重要力量。要不断完善发展的物质环境，以档案管理和服务的空间场所和硬件设施等"硬"环境建设为前提，以管理服务的视觉识别系统设计和文化氛围等"软"环境建设为保证。

2. 完善现有建设基础，建设系列子工程

在物质文化建设方面，档案机构要把视觉识别系统设计和网站建设放在重要位置。其中，视觉识别系统设计是形象系统的重要组成部分。统一的、集中的视觉识别系统设计和应用可以使特定的组织机构具有明确的个性和身份的识别，从而在众多类似的组织中脱颖而出。在视觉设计方面，档案机构可以在国家统一的"中国档案行业徽标"的基础上，确立自身的机构标志、标准字和标准色，并开发若干应用项目。例如，沈阳市档案局（馆）设计、制作的标志综合表达档案意识、时代意识、服务意识和人本理念，运用在所有可视物中，包括服务和展示场所、指示牌、办公用品、开放档案检索工具、工作服及其饰物、公关用品以及名片、稿纸、信封、笔记本、编研成果和教材，乃至承办会议的接站牌、代表证等，取得了很好的文化形象传播效果。

档案机构的电子政务网站是在网上展现自身和服务大众的平台和窗口，必须重点加强建设。随着数字档案馆建设的进程不断加快，档案文化建设的不断推进，档案馆网站建设尤其是内容建设更加得到高度的重视。从总体上看，中国档案机构的网站建设存在信息含量较少、网页结构单一、信息组织简单等问题。除面向社会和公众的电子政务网站应进一步完善和推广外，还要开发集成办公自动化管理和信息交流平台的内部信息网站，其功能主要包括管理信息系统、信息公告板、学习资源库、员工之家等。

档案机构要重点通过视觉识别系统设计和网站建设，实现对内形成员工的认同感和归属感，加强组织凝聚力，对外树立机构的整体形象，获得良好社会认同。但仅有这些还不够，档案机构还要充分利用已有的条件和成果，在环境管理中发挥更大的作用。档案机构基础设施建设包括管理和服务场所建设要有自己的专有文化，且与整个档案机构组织文化相统一，还要在基础设施建设中全面应用视觉识别系统，通过空间布局和物件摆放等来体现办公室文化，且管理服务场所的布置应简洁、美观、大方。

档案机构基础设施是档案机构文化形象的外在表现，为档案机构地域文化、历史文化的保存和发展提供了可供依托的物质条件。一个符合建筑设计规范的档案馆舍和适应服务功能需要的基础设施是档案机构组织文化功能得以充分发挥的基本条件，富有文化格调的环境布局是到档案机构接受文化服务的公众的基本要求。当前，"以人为本"已经成为档案机构发展的共同宗旨，是符合文化基本特征要求的。"以人为本"反映了现代社会档案利用主体的变化和档案工作服务对象扩展的必然性，是政治民主、社会进步的重要表现。发达国家档案机构从"人的不同要求"和"不同人的要求"出发，开展馆舍建设以及基本设施建设和环境布局。为满足人们对环境舒适和工作便利的要求，许多国家十分注意馆址的选择和开窗的朝向，力求馆内色调和谐、清洁卫生、环境静谧。有的档案机构还专门为利用者提供尽善尽美的阅档、研究、工作条件，甚至包括提供休息、餐饮及出版物、纪念品供应服务。为满足人对受尊重的要求，不仅档案机构工作人员待人接物时用语礼貌、举止文明，而且设置了不伤害人格的监控设施。从不同人的要求出发，发达国家档案机构进门处专门设有残疾人轮椅车通道、标记，档案借阅处设有便于残疾人使用的专门窗口，卫生间也设有残疾人专用厕位，等等。

在档案机构的新建和改建中，要具有超前的发展意识、高雅的文化品位，使其既能凸显档案机构鲜明的文化特征和时代特色，为利用者提供方便、舒适的环境，又要为今后基础设施的扩展留有广阔的发展空间。令人欣慰的是，北京、上海等城市在新建档案馆时，已经重视设施、布局的文化品位，较多地体现了以人为本的理念。例如，广东省新档案馆美轮美奂的馆舍大楼、精良典雅的设计布局，本身就构成了一道精美的文化景观。

在此之上，有条件的档案机构可以着力实施一系列文化建设子工程，进一步完善物质文化建设。

第一，创作主题歌。档案机构若想成为一个优秀的组织机构，其形象和知名度非常关键。优秀的档案机构展示的不仅是服务，更重要的是理念和文化。在商业领域，许多国际知名企业的高水准企业音乐文化或广告歌曲早已深入人们的心中。档案机构主题歌是其组织文化的形象标志，是一种表现档案机构形象和文化内涵的艺术形式。档案机构的主题歌要求从歌词上充分体现其发展理念和奋斗精神，从旋律上要求恢宏大气、充满激情，对档案工作者产生精神号召力和向心力，使档案工作者更加热爱自己的工作和事业。拥有属于自己的主题歌是值得骄傲的，用音乐传递信息比其他手段更加具有影响力。

第二，制作宣传片。形象宣传片是用制作电视、电影的表现手法，档案机构通过对机构内部的各个层面有重点、有针对性、有秩序地进行策划、拍摄、录音、剪辑、配音、配乐、合成输出制作成片，其目的是声色并茂地凸显精神面貌，彰显发展实力，建立良好的正面形象，建立美誉度和信任度。档案机构的宣传片就是一张艺术化的形象名片，综合运用图像、声音、语言、文字等多种元素，全面地介绍档案机构的发展。它既能提升整体形象，又能宣传自我。档案机构的宣传片要对发展状态、生活方式、价值取向、思维方式进行深度挖掘，赋予其独特的文化内涵，树立一个在社会经济生活中具有独特文化意义的档案机构形象，把发展目标、组织文化、发展规模、发展成就等数字和概念变成激情奔涌的艺术作品。这样的宣传片具有高尚的人格情操和审美情趣，具有雄厚的思辨色彩、说服能力和思想塑造力，具有刻骨铭心、发人深省的精神震撼力，具有引人向上的情感力量。

第三，开办馆史展。开办见证和展现档案机构成长的发展历程展览，目的在于保存档案机构发展的足迹，让自己的老员工、新员工及外来人员通过展览全面和深入地了解档案机构。在发展历程展览中，特别需要考虑：一是员工风采，展现优秀档案人员和集体活动，争取让每一个员工都能从中发现自己的身影，展示主体由照片、文字和视频等组成；二是成长之路，展示档案机构的创建经历、发展大事和荣誉称号等；同时，配合制作详简不同的宣传画册等，以馆史展为基础，更好地发挥其易于携带、更加直观、简明扼要等特点。

（二）创新制度文化

在档案机构组织文化建设中，制度文化的建设是一项重要内容和任务。档案机构各项制度是档案机构在长期的管理服务实践中形成并发展起来的，规定了与档案机构各项管理服务活动相关的人们的行为准则与活动规范，具有明确的针对性和约束力。档案机构制度建设作为一种有效的管理手段，是档案人员共同的行为规范，约束着档案人员之间的关系，引导他们的行为模式，并成为组织文化的保障力量。档案机构制度文化一经建立，就具有一定的规范性和约束性，随着档案管理服务的发展而变化。

1. 梳理现有管理制度，凸显规范完整性

建立合理完全的管理制度并且在管理制度中体现文化理念，是组织文化建设的内核。所谓管理制度，就是对社会组织中人们共同的管理和服务活动应当执行的工作职责、工作程序、工作方法等方面做出的经过专门认定的文字规定，具有相应的法定性和一定的强制性。档案机构管理制度必须落实到档案工作者和相应部门，严格地加以执行。管理制度是档案机构组织和运作的保障机制，可以规范档案工作者的行为，并调动其管理积极性。

档案机构的管理制度主要包括：一是基本制度，即带有根本性的管理制度，如部门责任制、首问负责制、限时办结制、责任追究制等。二是工作制度，即有关具体档案管理和服务工作的各项制度，通常与各项管理职能、管理对象密切相关。三是组织制度，即规定档案机构内部各单位、各岗位的工作范围、应负职责、管理权力，以及相互关系的管理制度。

制度建设必须与文化建设紧密结合，在制度建设中凸显文化建设，在文化建设中强化制度建设。完备的制度建设中，除档案业务管理、财经制度和"三重一大"廉洁制度等重要制度之外，还应着重抓好以下几方面。

一是行为规范总则。主要包括：工作场所布置标准，档案管理服务中物品的摆放和使用规范；一般人员行为准则，一般人员在档案管理和服务中需要遵循的行为准则；部门主管行为准则，档案机构部门主管在档案管理服务中需要遵循的准则；员工关系相处准则，在档案管理服务中如何创造良好的工作氛围；工作任务处理准则，在档案管理服务中如何分解、处理和完成一项工作任务；人员学习标准，在档案管理服务中员工和领导需要学习的内容、频率以及学习效果；工作保密准则，在档案管理服务中涉及的内容哪些该保密、哪些可以不保密、哪些有选择性和对象性地保密和公开等；管理服务准则，在档案管理服务中应该按照已有流程规范化运作，采用"首问责任制"，即任务分配下来时，为了防止交叉性质的工作互相推诿，具体工作的工作人员即为责任人；对外联系准则，在档案管理服务中对待服务对象需要注意的方面以及在服务场所或会议场所需要遵循的行为规范，与外部进行电话、网络、书信、名片等交流需要遵循的标准；投诉处理准则，在档案管理服务中对接包括内部或外部投诉的接受、审核、处理和反馈等相关事宜。

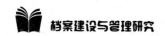

二是日常礼仪规范。主要包括：仪表礼仪，档案机构人员的日常仪表规范，包括日常工作中的穿着打扮等；形体礼仪，档案机构人员的日常形体规范，即日常工作中在不同的环境下应该注意的形体形象，包括站姿、坐姿、出入办公室和会议室行为、递交物品行为等；语言礼仪，档案机构人员的日常用语规范，包括常用的礼貌用语和应当尽量避免的话题等；会务礼仪，档案机构内部会议或外部会晤中需要明确的事项；拜访礼仪，档案机构人员内部交流或者外部交流需要注意的事项。

三是员工考核制度。主要包括：绩效考核，采用科学的方法，对档案人员完成工作的整个过程及完成的实绩和由此带来的诸多效果做出正确的价值判断，并与奖惩制度挂钩；行为礼仪考核，在档案人员日常行为礼仪规范中量化一些关键性的指标，并以这些指标对整个档案机构的领导和员工进行考核；日常活动考核，为了方便推进档案机构组织文化的建设和形成，对部门和档案人员定期进行活动的考核，包括相关活动的申报、完成、记录、展示、参与等指标。

四是保障措施。主要包括：建议征集制度，档案机构的发展与档案人员的整体期望一致，采用定期或者不定期收集意见的方式实时进行调整，就档案机构的整体或个别项目事情等采用公开或匿名的意见征集制度，并给予适当的精神或物质奖励；选拔公开制度，对于档案机构的奖励和评选，做到公平、公正、公开，做到有章可循、有据可依；经费保障制度，为推进良好组织文化的形成，有日常活动经费保障的措施。

2. 适时调整管理制度，加强规范科学性

档案机构的组织管理和文化建设既要适应时代变革和一般管理规律，又要具有自身的特色。越来越接近一个知识性机构而不是停留在重复性工作的天地，档案机构的组织管理和文化建设要更加重视的是创新而不仅是工作，更加重视的是关心档案人员而不是强制性要求他们。对蓬勃向上的档案机构来说，必须学习新兴的管理技术、手段和方法，把握相关因素的发展轨迹，顺应组织管理的变动趋势，展现文化建设的创新特色。在制度建设中，必须具有与发展环境相适应的发展性，根据实际情况及时发现现行制度中存在的问题，适时调整相关管理规章制度，不断增强管理规范的科学性。要确定档案机构组织文化建设的牵头部门，编辑并定期修订《员工手册》《制度汇编》等，正式印发给档案人员遵照执行。

在档案制度文化建设中，一是突出管"事"，即建立健全制度体系，按照"规范、高效、有序"的原则，进一步完善业务工作、队伍管理、内部管理的各项制度，坚持按制度办事，推动档案机构规范运行。要按严格要求建立健全业务制度，明确岗位的职责、流程、标准和要求，做到因岗设责、因责管人，确保每一个工作岗位、工作环节都能发挥应有的作用。二是突出管"人"，即优化人员使用管理机制，进一步强化教育培训机制，优化人员绩效考核管理，完善选拔和任用管理人员的工作机制，做到"能者上、弱者下、平者让"，为档案机构文化建设提供人才保障。三是突出管"理"，即制定科学的绩效评估制度，强化"管制度的制度"，通过建立健全科学合理的考核评价体系，改进工作激励奖惩措施，以高效、有序的管理推动档案机构各部门和各项工作落实到位。

（三）优化行为文化

为迎接时代和社会的挑战，档案机构必须树立充满生机和活力的健康形象，而这种健康的形象体现在每一名档案人员和档案机构自身整体的形象上。在档案机构组织文化建设中，行为文化的建设是一项长期而艰巨的任务，也是文化建设的重要载体和外在表现。

1.深化形象管理意识，优化机构整体形象

一个社会组织机构的功能和作用是客观的，同时也是社会大众及其服务对象的主观认识的反映。这种反映可能是一种折射，可能带有主观色彩，甚至有可能与实际相左。从某种意义上讲，档案机构的形象不仅建立在现实的功能和作用之上，而且建立在社会包括相关社会组织和社会个体对档案机构的看法之上。

档案机构必须具有主动的形象管理的意识，运用多种方法创造和形成自身的良好形象，以争取社会的认同和支持。这种主动的形象管理，有助于档案机构打开社会的大门，了解社会的态度，明晰社会的需求。同时，也有利于把握档案管理服务的水平和现状，为最大限度地扩展和发挥管理服务职能奠定基础，坚持"用户第一""服务至上""效益为本"的观念，使自身的形象成为管理和服务工作的一面镜子。因此，主动开展形象管理具有十分重要的作用。

档案机构形象的形成不是一时一刻就可以完成的事情。档案机构形象是个体形象和群体形象的综合，管理工作形象与管理工作者形象的综合，历史形象、现实形象和未来形象的综合，大众形象和职业形象的综合，必须以对社会负责任和对事业负责任的态度来分析。要充分运用和借鉴应用社会学、组织行为学、公共关系学等学科的管理手段和方法，实施有针对性、适时性的形象管理研究，把握管理和服务的现状，以此作为行为规范制定的基础、文化活动设计的前提，通过"软化对立性因素""强化互动性因素""弱化消极性因素""硬化积极性因素"，促进管理和服务的全面发展，形成"上下关系平等、左右关系均衡、内外关系透明"的和谐的发展氛围。

档案人员对档案事业的发展起着决定性的作用，是档案事业的核心力量。因此，加强档案机构组织文化建设，尤其是在行为文化建设中，必须加强档案人才资源建设，提高档案人员队伍管理和服务的素质和能力。

一是全面提升档案机构管理工作者的管理水平。档案机构管理工作者是档案机构组织文化建设的核心力量，影响并引导着档案管理服务活动的各个环节。档案机构管理工作者在档案机构文化建设中的作用，除了因为本身管理职权给档案机构员工带来的影响力之外，作为档案机构的主要"形象代言人"，还包括管理工作者本人所具有的知识、品德、能力等所产生的对员工和社会公众的非权力性的影响力。档案机构管理工作者的影响力要求他们具备为档案事业奉献的政治觉悟、较高的知识水平、精深的业务技能、果断的决策能力、

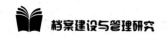

与时俱进的时代意识等，树立档案机构业务精、素质高、纪律严的良好形象。

二是大力开展档案机构业务工作者的能力建设。档案机构业务工作者是档案机构组织文化建设的基本力量。档案机构的每一个岗位、每一个业务工作者，都是档案机构面对社会公众的窗口。因此，档案机构业务人员文化素养和服务水平的高低，决定着档案机构各项工作的服务质量和文化品位，档案机构必须高度重视业务人员能力建设，要加强对在职人员的继续教育，更新档案人员的知识，跟踪发展文化，利用先进的技术提高工作效率。要引进高素质人才，给档案机构注入新鲜血液，带来新的知识与理念。要优化人员配置，合理配置人才，使每一名档案人员在适合的岗位上最大限度地发挥自己的能力。

2. 开展丰富多彩的活动，搭建组织文化平台

档案机构良好的组织文化的建设和形成需要通过一个载体和平台来实现，要积极开展形式多样的文化活动，让档案人员真实地感受到文化的感染和力量。通过这些活动，彼此间更加了解，不仅使每名档案人员锻炼了自身能力，提高了自身素质，开阔了个人思维，也大大增强了整个机构的发展实力。

活动的形式应该是丰富多彩的，可以选择多种活动形式。在实际开展中可以根据当时的情况进行调整，例如，根据报名的人数、男性与女性的比例、年龄层次的比例、对场地的要求、气候、季节等因素进行适当调整。需要注意的是，活动最有意义的不是其形式，而是可以通过开展这些活动有一些收获，所以要强调活动组织阶段的搭配问题、活动开展阶段的效果问题和安全问题、活动结束之后的情况记录和成果展示，还要对开展的活动进行评估总结及调整建议等。活动举办之初可能会遇到积极性不高、形式性过强等问题，宜采取措施鼓励所有人积极参与，多参加多奖励，充分提高档案人员参与活动的积极性。活动形式要贴近档案人员，不要拘泥于形式，可以根据意见进行调整。

在档案机构组织文化建设中，要认真做好活动的组织和策划，让档案人员感受到"月月有活动，季季有节日"的气氛，通过一系列的活动将大家紧密团结在一起，使其成为一个充满凝聚力、友爱互助、开拓创新、干劲十足的团体。例如，可以将活动划分为四大主题活动，即"春之初始——新一年的开始""夏之欢乐——工作中的欢乐""秋之硕果——收获后的喜悦""冬之感谢——这一年的感恩"等。每年的四大主题活动则是由许多活动整合在一起的，每个活动都突出了这一个季节的工作特点。春季是一年的初始，是一年工作的开始，这一季的活动应该是以业务学习、工作建议为主；夏季是一个热情奔放的季节，活动主题是工作的提升；秋季是一个硕果累累的收获季节，活动的重心应该在工作的经验交流等方面；冬季是一年的结尾，组织活动应该以感谢档案人员全年的付出为主。

（四）培植精神文化

档案机构组织文化建设中，精神文化的建设是文化建设的最终方向，是组织文化的内核和灵魂，是组织精神的展示和体现。要通过各种方式倡导和宣讲文化理念和发展愿景，积极主动培植高尚的精神文化，从而使档案机构成为每一名档案人员工作、学习和生活的"和美愉快、充实健康"的精神家园。

1. 明确组织发展宗旨，引领组织文化建设

任何一个社会组织都必须具有特定的组织宗旨，即社会组织具有的特定的使命、任务和对社会的贡献的简明表述。在现实的组织管理中，组织宗旨一般具有四种类型：反映组织使命和任务的使命任务型、体现组织社会责任和理想的理想抱负型、说明管理和经营范围的经营范围型、明确组织经营思想和经营方针的经营哲学型。作为文化事业单位，档案机构的组织宗旨应该反映现实的社会特征，符合国情和发展趋势，体现组织自身的功能和作用，反映同性质组织和组织自身的管理个性、发展重点和文化底蕴，力求得到社会和同行以及组织各个管理层次的认可，符合形式简单明快、内容清晰适当、表述活泼有力等要求。

在现代社会之中，每一个社会组织都面临着严峻的挑战，作为不断成长的社会组织，档案机构要在切实履行档案机构的职能的基础上，突出自身的特色。例如，国家档案馆要努力实现从"四位一体"即档案保管基地、爱国主义教育基地、档案利用中心和现行文件利用中心向"五位一体"即爱国主义教育基地、档案安全保管基地、档案利用服务中心、政府信息公开中心、电子文件管理中心的转变，强化和凸显档案机构的文化内涵和文化特征。

在档案机构组织文化建设的全过程中，要全面突出档案机构组织宗旨的标杆作用，形成以精神文化统领组织文化建设，以组织宗旨统领组织文化理念的意识，使之成为目标设计的纲领、文化架构的主线、发展实践的要求、成果评价的准则、精神文化的内核和文化建设的方向。

2. 构建核心价值体系，建立长效发展机制

作为档案机构组织文化的直接创造者，每一名档案人员都会将在档案机构的生活和工作经历看成一笔极其宝贵的精神财富，把档案机构作为他们不断前行的文化驿站。因此，构建档案机构的核心价值体系是建立组织管理和文化建设长效机制，切实发挥其社会职能和实现其组织宗旨的关键。

第三节　档案文化资源开发

一、档案文化资源开发的含义及原则

档案作为一种文化资源，是社会发展的基础，是历史文化的遗产，是时代精神的反映，是民族精神的积淀。只有有效地加以开发和利用，才能真正发挥其文化效益。

（一）档案文化资源开发的含义理解

基于对档案的文化属性和资源属性的基本认识，档案文化资源开发是指为了满足不同的文化需求，对各种载体和形式的档案或档案集合进行加工处理，以形成各种文化产品或服务的过程，是实现档案文化建设的目标和任务基本的、最为重要手段。就基本含义而言，通常把档案文化资源开发看成档案文化开发、档案资源开发、档案信息资源开发、档案开发等概念的同义词或近义词，与档案文化开发利用、档案资源开发利用、档案信息资源开发利用和档案开发利用等概念具有递进关系且紧密相连。一般而言，开发是利用的前提和基础，利用是开发的要求和目标。经过开发形成的档案文化产品和档案文化服务成为新的档案文化资源。

在档案文化资源开发中，必须充分运用科学合理的技术和方法，实现"五个促进"，即促进档案文化资源价值实现，促进档案机构全面融入社会，促进档案管理服务转型升级，促进社会文化体系科学构建，促进社会文化事业持续发展。因此，档案文化资源开发的根本目的在于，深入发掘档案文化资源中蕴藏的有利用价值的档案文化信息，寻找和获取更为集中、系统或有特定价值的知识和智慧。

（二）档案文化资源开发的基本原则

档案文化资源开发必须适应国家文化建设、信息化建设和档案事业发展的总体格局，把档案文化资源开发纳入国家文化建设体系和信息化建设体系，以档案文化资源管理为基础，以档案文化资源高度共享为目标，加快推进档案文化资源开发步伐，促进档案事业在新时期的持续、快速、健康、协调发展。要不断提升档案文化资源开发的能力和水平，必须围绕统筹协调、需求导向、创新开放、确保安全的总体要求，遵循科学开发的原则。

1.遵循主动开发原则

国家和社会发展为档案文化资源开发提供了难得的历史机遇，档案文化资源开发在建设文化强国中大有可为。档案文化资源开发首先应坚持主动开发的原则。

长期以来，档案机构和档案工作者更多地以档案收藏者和保管者的形象出现，档案机构和档案工作者积极主动的心态相对比较缺乏。只有主动地开发、利用和共享档案文化资源，才是档案文化资源"化蛹为蝶"的唯一途径。要实现档案资源文化的价值和使命，必须变被动为主动，积极开发档案文化资源。

一是激发档案机构和档案工作者的主观能动性。要深刻领悟档案资源的文化属性和档案工作的文化真谛，明确档案文化建设在社会文化大繁荣、大发展中的重要地位，积极投身档案文化建设，主动开发档案文化资源，在实现档案资源文化价值的同时实现档案机构价值和档案工作者的自我价值。

二是主动创新档案文化资源开发的手段和途径。要发挥档案资源重要的历史文化价值，主动把握档案文化资源的现实状态，主动了解社会利用者的文化新需求，主动开发档案文化产品和文化服务新形式，主动开辟档案文化传播新渠道，将档案文化品和文化服务推向社会，将档案文化有效地融入社会文化之中。

2. 遵循技术驱动原则

档案文化资源开发具有深刻的技术背景。档案资源本身就是历史的真实记录，从古代的甲骨档案、金石档案到现代的数字化档案，档案载体的历史就是一部技术变革的发展史。科学技术的发展改变了档案资源的记录方式、存储方式、获取方式，自然也改变了档案资源的管理和服务方式，带来了档案文化资源开发与利用的技术创新。

在数字时代，技术的演化和发展成为重要而关键的发展动因。信息技术的不断进步不仅有力地推动着档案事业发展观念的进步、方法的变革和效益的提高，而且改变了档案文化资源开发的基础。现代信息技术以传送图文、视像和多媒体信息为主，具有强大的联网的计算机能力和先进的音频、图文和视像处理能力，拥有个人移动性和不受限制的通信，形成了基于智能化的宽带网等现代信息技术的各种各样的新型信息服务形式。档案文化资源开发必须重视和有效利用现代信息技术的发展，并有效地应用于开发实践之中。

正是在信息技术背景下，技术驱动的档案文化资源开发有更强大的技术支撑和更广阔的服务空间。传统档案文化资源开发更多集中于档案的基本编研产品和提供直接的到馆咨询与提供利用服务等。随着科学技术尤其是网络技术的发展，基于网络的新型档案文化产品和档案文化服务不断出现，精彩纷呈的网络展览和快捷方便的数字化档案服务成为档案服务的重要形式，异地档案信息服务也必然依赖技术的发展尤其是高速的信息网络和有效的信息沟通。同时，技术驱动的档案文化资源开发有更高效的开发效率和更优质的开发质量。在传统的档案文化资源开发中，原始信息获取困难，特别是一些跨机构档案文化资源开发工作受到极大的限制。随着技术的发展，网络信息共享使得档案文化资源开发者可以便捷地通过网络查档服务获取档案资源和相关资源，进一步提高工作效率。现代信息技术使档案文化产品和文化服务传播渠道得以拓展，档案网站成为重要的档案文化平台，博客、微博、微信等社交媒体的风行使档案文化传播渠道更加丰富多彩。

3. 遵循需求导向原则

档案文化建设必须始终坚持以人为本，以社会利用者为中心。任何档案文化资源开发都是与特定的社会利用者连接在一起的。档案文化资源开发主要是满足人们的精神需求，服务于社会的文化需求。档案文化资源开发过程本身就是不断满足社会利用者的精神和文化需求的过程。同时，档案文化资源开发的效果、效率最终都要由社会利用者来给予评价，也必须从满足社会利用者的精神和文化需求的数量和质量来给予评价。

传统的档案文化资源开发是以馆藏资源为本位思想，有什么样的馆藏就开发什么样的档案文化产品，缺乏对用户需求的考量，一定程度上造成了档案文化产品与服务的同质化。表面上看，各种编研产品、展览、出版物等形式十分丰富，但是缺乏实际的用户基础，没有真正发挥档案文化资源开发应有的作用。需求导向的档案文化资源开发就是要改变这种状况，充分研究社会大众的精神和文化需求，结合档案机构自身的资源优势，做好整体规划，避免重复开发，降低同质化现象，真正提高档案文化资源的有效利用率。需求导向的档案文化资源开发，首先要求了解社会利用者的精神和文化需求的影响因素，掌握其需求的规律特征。社会利用者文化需求受到个人因素、心理状态、行为特征等的影响。其中，个人因素主要是指个人职业、个人经历、工作性质、文化水平、兴趣爱好等个人所特有的因素；心理状态包括求快心理、求准心理、求新心理、求近心理、求知心理等；行为特征主要是指在档案文化资源利用过程中的行为表现。在档案文化资源开发中遵循需求导向原则，就要把握社会利用者精神和文化需求的影响因素、规律性特征，有针对性地开发档案文化产品和文化服务，做到精准开发、精准营销，提高档案文化建设的效果和效率。

在某种意义上，社会利用者也是档案文化建设的参与力量。不仅要以利用者的档案利用水平及其对档案文化产品和文化服务的满意度作为衡量档案文化资源开发水平的重要指标，而且要让社会利用者直接参与文化建设，提升档案文化建设中的用户互动性。例如，深圳市档案馆主动与资深作家、摄影家等合作，编撰出版《明清两朝深圳档案文献演绎》《民国时期深圳档案文献演绎》《深圳典藏》等编研成果，获得了很好的档案文化资源开发效果。

4.遵循特色发展原则

一种文化有没有强大的生命力，主要看其是否具有鲜明的特色。从国家层面来看，越是民族的就越是世界的；从区域层面来看，越是具有浓郁地域特色的就越有吸引力；从行业层面来看，越能凸显行业特色的就越不可替代。档案馆藏和档案文化的强大生命力在于特色。在档案文化建设中，必须通过档案文化资源开发，以具有鲜明特色的档案文化产品和文化服务引导社会档案文化需求，提升档案文化建设的社会竞争力。

特色是指事物所表现的独特色彩和风格。特色档案文化产品和服务是对服务特性的描述，是具有独特魅力的文化产品和服务，是在长期的档案文化资源开发实践中，在结合档案部门本身的资源优势和社会需求的基础上，有目的地形成和提供的与众不同的文化产品和服务。具体来说，特色档案文化产品和服务主要包括特色内容、特色方式、特色对象等。其中，特色内容就是从资源特色的角度开发档案文化资源，包括地方特色、专业特色、档案载体特色等。特色方式是在传统的社会利用者的到馆利用资源的服务基础上开展的多层次、多类型、全方位的服务方式。特色对象就是细分社会利用者，根据其群体或个体的特色提供相应的档案文化产品和服务。

二、档案文化资源开发的实践路径

档案文化资源开发正处于一个全新的社会环境，通信方式、信息处理方式、学习方式、商业运作方式、工作方式、医疗保健方式、设计和制造产品方式、科学研究方式、环境管理方式和政府工作方式等都在急剧变化之中。随着社会环境的变迁，档案文化资源开发必须在不断发展中适应社会变化，形成代表档案文化资源开发方向、契合档案文化资源开发需求、支撑档案文化资源开发实践的发展基础。

（一）树立档案文化意识

档案意识的形成由来已久。自从有了档案，人类自然地、客观地形成了档案意识。档案意识的发展和社会经济、政治、文化等因素息息相关。不同历史时期，由于档案和档案工作所承载或实现的历史使命不同，档案意识也各有不同。

1. 档案意识与档案文化意识概述

档案意识是指人们对档案和档案工作这一客观事物的主观印象，既包括社会大众对档案和档案工作的认识水平和重视程度，又包括档案机构和档案工作者对档案和档案工作的认识水平和重视程度。档案意识由社会档案意识和档案工作发展意识共同组成。

档案文化意识是档案意识的重要组成内容，是社会大众、档案机构和档案工作者对于档案和档案工作在社会文化建设中的地位和作用，即档案文化建设的认识水平和重视程度。大致来说，档案意识和档案文化意识具有同向性，档案意识越高，档案文化意识也就越高。

从发展角度来看，在全民开放档案意识时期，社会整体对档案和档案工作以及档案文化建设的认识程度不断提高。档案文化建设作为社会主义文化建设的重要内容，与档案事业共同迎来快速发展的历史机遇期。不得不承认的是，由于档案全民开放的水平还有待提高，社会大众对于档案利用需求的愿望并不是十分强烈，档案和档案文化的社会作用还并非显而易见。因此，虽然职业档案意识和档案文化意识空前高涨，但是社会档案意识和档案文化意识还相对比较薄弱，制约了档案事业和档案文化建设的快速发展。

2. 档案文化意识与档案文化资源开发

要大力提高档案文化资源开发的水平，必须着力提高档案文化意识，其中的关键，就是以档案工作发展意识促进档案事业和档案工作的开展，以档案文化建设和档案文化资源开发的优秀成果展现档案机构和档案工作者在社会文化建设和社会发展中的独特作用和强大功能，真正做到"有梦才有心""有心才有为""有为才有位"。其中，特别需要强调的是，一是要进一步重视档案文化资源在经济发展和社会进步中的重要作用。档案文化资源是社会政治、经济、文化等各方面活动的真实记录，是社会各界察往知来的原始凭证，是国家文化资源的重要组成部分。大力加强档案文化资源开发与利用，是国家和社会对档案事业发展的基本要求，是档案事业适应时代发展的必然选择，是档案事业在新时期实现持续健康发展的必由之路。档案机构和档案工作者首先要充分认识档案文化资源开发的重要意义，同时，促进社会各界对档案和档案文化资源开发的认知性和认同感，共同坚定不移地把档案文化资源开发推向深入。二是要进一步增强做好档案文化资源开发的责任感和紧迫感。多年来，档案文化资源开发取得了突出的成绩，在国家经济发展和社会进步中日益发挥重要作用。但是，面对国家各项事业对档案文化需求的日益迫切和国家文化建设发展的新形势，档案文化资源开发依然存在一些薄弱环节，档案文化资源开发的数量和质量都有所不足，档案文化资源开发的手段和方法有待进一步优化，档案文化产品和服务的整体水平有待于全面提高，等等。只有进一步增强责任感和紧迫感，采取有效措施，抓紧解决工作中存在的问题，才能不断提高档案文化资源开发的管理能力和质量水平。

值得注意的是，近年来，在国内文化建设领域，许多文化机构纷纷把目光投向了档案，一时间"档案"二字让人目不暇接。例如，在电视节目中涌现出一大批以"档案"为名的专题栏目，其中不免有名无实，只是以"档案"作为噱头的。对于这种"泛档案"现象同样值得注意，有可能误导公众对于档案的认知，甚至模糊档案的基本属性，破坏档案的基本价值，形成一种错误的社会档案文化意识。

（二）专业人才建设

人才是一切事业发展的基础。在档案文化资源开发中，要把"死档案"变成"活信息"，把"档案库"变成"思想库"，绝对离不开高素质的专业人才。

1. 档案文化资源开发与专业人才队伍概述

在档案事业发展的春天，社会期待着档案文化资源开发有更多更好的优秀成果。但是，出于历史的原因，档案文化资源开发人才的不足，尤其是档案文化资源开发、高水平人才的严重不足，成为制约档案文化资源开发的重要瓶颈。

（1）档案文化资源开发与专业人才队伍

长期以来，档案部门主要由行政部门主管，因此，在人员安排上重行政而轻实务性工作人员，使得专业技术人才偏少，人才适用性相对较差，档案专业人才在档案事业中的主体地位被弱化，其中具有档案文化资源开发能力的人才少之又少。档案工作价值显效的滞后性而使档案机构和档案工作者在许多地方得不到应有的重视，加之档案工作本身的特点，相当多的档案机构和档案工作者的积极性、主动性和创造性没有得到有效激活，因此，必须采取大力度、高强度的手段和措施，切实加强档案文化资源开发人才队伍建设，才能有效履行档案机构和档案工作者在档案文化建设中的历史使命。

（2）档案文化资源开发队伍人才结构

档案文化资源开发队伍主要由行政管理人员、专业技术人员和辅助管理人员三大类别组成。从专业或知识结构来看，为适应档案文化资源开发的需要，档案文化资源开发专业技术人员应由多学科专门人才构成，即从整体上形成复合型知识结构。一般来说，档案文化资源开发专业技术人员主要应由档案学、历史文献学、历史学、传播学、编辑出版、艺术设计、计算机应用等相关学科领域的专门人才组成，其中，档案学、历史文献学等专业人才是其主要构成。档案文化资源开发队伍的学历结构是指具有不同学历的管理人员之间的比例及其相互关系。一般来说，学历层次应当更丰富，高中低学历的管理人员应呈金字塔形分布。档案文化资源开发队伍的智能结构就是指具有不同人才类型和不同智力水平的管理人员之间的比例及其相互关系。由于不同的业务工作对人员的智力水平要求不同，不同人才类型和不同智力水平的技术人员应取长补短，共同促进业务活动的完成和提高。档案文化资源开发队伍的年龄结构是指居于不同年龄阶段的管理人员之间的比例及其相互关系。不同年龄段的技术人员具有各自的特点，所以，应该具有合理的老中青相结合的年龄结构，其中中青年应占较大比重。档案文化资源开发队伍的性别结构是指具有不同性别的管理人员之间的比例及其相互关系，男女比例应大体相当。

从理想的角度来看档案文化资源开发人员的素质要求，可以从专门技术人员和管理人员两个层次、个体和群体两方面来进行分析。对专门技术人员来说，从个体的角度来分析，开发人员应具备良好的政治思想素质（政治品德、社会公德、职业道德等）、业务知识素质（文化知识、专业知识、专门技能等）、工作能力素质（管理能力、认知能力、判断能力等）和个人基本素质（身体素质、心理素质等），其中，要突出专业特色。从群体的角度来分析，档案文化资源开发队伍要具有与开发实践活动相适应的较为理想的人力资源结构。对管理人员来说，素质要求尤其是与组织管理水平即领导力（主要指科学决策、合理用人、统一指挥和统筹协调等方面的能力）有关的素质要求更高。

2. 档案文化资源开发人才队伍建设要点

在档案文化资源开发中，档案工作者要从档案资源的看守者转变为档案资源的开发者，从档案机构的管理者转变为档案机构的运营者，从档案利用的提供者转变为档案文化的建设者，从档案服务的承担者转变为社会文化的参与者。因此，档案文化资源开发人才队伍建设不仅关乎档案文化资源的价值发挥，更关乎职业的前途与命运。

为了推进档案文化资源开发，必须制定并实施专门的人才队伍建设方针，切实改善目前绝大多数档案机构存在的档案文化资源开发人员质量和数量都相当不足等突出问题。一是要培养档案机构领导层面自身的管理素质和文化品位，提高对档案文化建设和档案文化资源开发人才队伍建设的重视程度，建立健全从人才选聘、培训、考核到激励的一整套制度。二是在做好内部人员挖潜的同时，要大力引进档案文化资源开发的专门人才。档案机构往往是藏龙卧虎之地，在内部人员的挖潜中，要采取行之有效的方式，尤其是要注意在客观评价中识别人才，在人事相宜中调用人才，在继续教育中培养人才，在文化建设中锻炼人才。

第四节　档案文化建设的创新路径

在新时代要树立档案文化自信，推动档案文化事业健康发展和创新进步。

一、加强对档案从业人员的培养和管理

档案工作是维护党和国家历史真实面貌的重要事业，是党和国家各项建设事业必不可少的环节。为党管档、为国守史、为民服务，是档案工作者的基本职责。要履行好这一神圣职责，就必须坚持政治方向，以强烈的政治责任感为党和国家事业服务。筑牢政治意识，不是脱离档案文化建设的实际工作空谈政治，而是要用党的政治性指导工作，在做实上下功夫。在档案文化建设中，政治属性是前提和条件，是刚性要求，我们既要大胆讲政治，又要善于讲政治，把讲政治、提高政治站位融入档案文化建设的角角落落。在新时代，档案工作者要革故鼎新，与时俱进，脚踏实地，依法履职，在积极开发档案信息、为服务发挥作用的同时，把新形成的档案及时收集好、管理好，真实记录这个历史发展的脉络。同时，国家应该有顶层设计，应积极推动设置档案职业资格，完善档案人才评价机制，努力探索构建一支高素质的专业化档案人才队伍，不断提高档案工作现代化水平。有关部门应认真研究设置档案职业资格，将其纳入《国家职业资格目录》，以更好地适应档案工作的专业化需要。推进档案人才培养管理，事业发展需要人才的支撑，档案工作横跨多种行业、多个部门，工作任务繁重复杂，如果没有一支适应经济社会发展，政治强、作风正、业务精的高素质档案人员队伍，将阻碍我国新时代文化发展。

二、建立完善档案文化信息化管理模式

进入新时代，知识更新不断加快，社会分工日益细化，新技术、新模式、新业态层出不穷，特别是信息化技术的出现，对档案工作既是千载难逢的机遇，也是一种挑战。一些部门和单位在档案信息建设过程中，只重视引进利用先进的通信设备，甚至不惜重金购置高档计算机系统，从而忽视档案信息资源标准化建设，结果投入巨额资金，建成的档案信息系统无法转化为经济和科学发展的催化剂。所以，我们必须切合实际，制定科学完善的档案文化信息化管理模式。首先，在档案建设过程中，必须重视重新思考档案管理的原则、理论与方法。其次，国家档案行政部门需要制定一套统一规范的档案信息化法律法规和标准，能实现档案保管利用价值的标准规范，满足新时代的案卷完整化、检索利用便利化需求，进而实现信息资源共享。最后，要创新档案文化传播手段，加强与传统媒体和新媒体的合作，开办一些档案文化专栏、专题，宣传档案工作，传递档案声音。同时，主动融入"互

联网+"行动计划，积极探索区块链、大数据、物联网和云计算等信息技术在档案专业方面的实际应用，加快推进档案数字化、现代化进程，推进移动互联网平台等新型传播载体的尝试和运用，提高档案文化建设的信息化支持度，以更加优质高效的档案文化服务方式，为人们提供高效、便捷的档案文化信息共享服务。

三、打造丰富多样的档案文化产品

在档案文化生存与发展的过程中，社会需要是其行动的主要原因，在受众群整体对精神文化生活需求不断变化的背景下，档案文化产品将会随着时代以及社会环境的变化而改变。为了保证档案文化产品能够更加真实、直观地反映出社会历史变迁，以及社会文化发展等多方面内容，相关部门应结合社会发展需求，做到与时俱进，以此对档案文化产品进行不断的创新与探索，进而生产出能够全面满足人们需求的档案文化产品。档案资源中包含着大量的文化资源，因此在对其进行利用与开发的过程中，相关部门应以国家、群众的利益等多种角度为着手点，在分析各种文化资源价值的基础上，对其进行系统、有效的开发工作，以此充分挖掘资源中具有一定价值的文化资源。

在掌握一定文化资源基础上，相关部门应对其中的历史记忆进行相应的萃取，在充分利用现代化传媒载体等手段的基础上，将其中具有一定价值的文化资源转变为具备一定意义的档案文化产品。近年来，随着国家对档案文化重视程度的增加及各种类型档案文化活动的开展，档案文化中蕴含的各种资源得到了充分利用，不仅在内容、形式及载体上得到了相应的创新，同时还为弘扬和培育民族精神等工作奠定了良好的基础。如档案文化展览、拍摄相关文献纪录片等方式，都是有效加大档案文化本身社会教育力度以及社会影响力度的有效手段。另外，在档案文化应用形式得到不断创新的背景下，其在传承民族文化精神中的作用也逐渐得到了充分的体现。

综上所述，在社会文化发展过程中，档案文化是这一过程中不可缺少的重要组成内容之一。在中华文明数千年的历史长河中，档案文化不仅对中华民族优秀文化进行了有效的保存与传承，同时还孕育培养出了优秀的档案文化。在民族优秀文化经历数千年的沉淀与渗透后，档案文化逐渐成为当前广大群众的共同思想，成为档案文化人共同遵循的价值体系及行为标准。可以说，档案文化不仅是档案工作所独有的文化特质，还是促进社会文化发展的重要基石。

第三章　档案信息化建设及保障体系

第一节　档案信息化的基本认识

我国的档案信息化建设是在信息技术日新月异、国家信息化战略不断推进、电子政务建设迅猛发展的多重背景下发展起来的。

一、档案信息化的概念内涵

档案信息化不是简单地用计算机替代传统的手工作业，也不是将传统的管理方式复制到信息化平台上去。其本质上是档案工作和信息技术的结合，其成功与否也取决于这两者的融合程度，这种融合从概念到实践都是一场深刻的革命，赋予两者崭新的内涵。

科学的定义是档案信息化实践的理论基础，有利于全面理解档案信息化的目标和任务，有利于按照信息化的客观规律推进档案事业的科学发展。

什么是档案信息化？学界有多种定义，不同的视角会有不同的理解。本书采用2013年12月出版的《大辞海》中的定义："档案信息化是指在国家档案行政管理部门的统筹规划和组织下，以档案信息资源建设为核心，以信息人才为依托，以法规、制度、标准为保障，全面应用现代信息技术，不断改革传统的档案管理模式，有效提高档案信息资源收集、管理和提供利用服务水平，加速档案管理现代化的过程。"该定义总结了我国档案信息化的基本经验和基本规律，其内涵如下：

第一，必须由档案行政管理部门统筹规划和组织实施。档案信息化不是单纯的计算机应用，也不是具体的档案业务，而是事关全局和影响深远的复杂的系统工程，需要人才、设备、资金等方面的支持，需要全面、持续、稳步地推进，并需要经历较长的完善过程。因此，档案信息化不能各自为政、分头建设，而必须由各级国家档案行政管理部门建立统一的规划、制度、规范、标准，实行宏观管理和监督指导。同时，需要精心组织实施，在技术平台、网络体系、组织机构、人才队伍、资源建设、基础业务、建设经费等方面提供保障，才能确保这项事业持续有效地开展。

第二，必须以档案信息资源建设为核心。从某种意义上说，档案信息化的核心目标是使档案信息资源化，即将档案信息转换为真正意义上的档案信息资源。资源化不是简单地将档案信息做数字化处理，也不是简单地将其放到网络上传输，而是应用信息技术，使档案信息媒体多元化、内容有序化、配置集成化、质量最优化、价值最大化，通过档案信息系统的加工处理，确保各种社会信息的真实、完整、有效，便于跨越时空广泛地共享利用，在实现档案信息增值的同时，承担起传承人类记忆的历史使命。

第三，必须建立高素质的档案信息人才队伍。档案信息化是档案专业、信息专业和计算机专业的结合，属于技术密集和知识密集型专业。传统的档案干部队伍结构和人员知识结构已经不能完全适应档案信息化的需要。目前，档案部门缺乏档案专业和信息技术专业的复合型跨界人才，特别是中、高级信息技术专业人才，这已经成为制约档案信息化深入发展的瓶颈。因此，一方面，要引进和培养相关人才；另一方面，要通过建立有效的激励机制，鼓励档案人员学习信息技术知识，提升档案信息化水平。

第四，必须在法规、制度、标准方面建立相应的保障体系。信息技术的应用必然向传统的保障体系提出全面的挑战。只有根据信息技术的特点和应用要求，不断制定和完善档案管理的法规、制度、标准、规范，才能确保档案信息系统的科学建设和有效运行。

第五，必须全面应用现代信息技术。信息技术具有强大的潜能，只有全面、成功地应用才能真正转化为生产力。所谓全面应用，有三层意思：一是与档案工作有关的各个工作部门和人员都要参与应用，而不是仅靠档案业务人员应用；二是应用于档案全过程管理的各项业务，而不是只应用于单项业务；三是引进、消化、吸收各种先进、适用的信息技术，并不断跟踪和应用新兴的信息技术，使信息技术真正成为档案事业发展的不竭动力。

第六，必须改革传统的档案管理模式。传统的档案管理模式建立在手工管理基础上，必然会出现与信息技术应用不相适应或不相匹配的问题。应当不断改革传统的档案管理模式，适应信息技术环境下的新型档案管理模式，而不能消极地让新技术适应传统的档案管理模式，这样才能最大限度地发挥信息技术应用的效能。

第七，必须树立强烈的效益意识。档案信息化不是作秀表演，不能徒有虚名，而要遵循经济规律，力争取得务实的效果。当然，档案信息化很难估量直接的经济效益。但是，在产出效果方面，要努力追求社会效益、长远效益。要树立大目标，不能满足于一般的省人、省事、省力，而要致力于解决传统档案管理中遇到的收集难、著录难、整理难、保管难、内容检索难、多媒体编研难，以及电子文件的保真、保密、保用等老大难问题，力争提升档案科学化、规范化的管理水平和服务水平，在促进社会改革、开放，经济发展、文化繁荣以及法治化、民主化进程中建功立业。

档案信息化的概念是在档案工作与信息技术相结合，档案管理理论研究和实践推进相结合的过程中逐步形成的。档案界曾经有过许多与档案信息化类似或相关的概念，都强调了某些侧面，如"档案管理自动化"，它强调包括微机、微电子、缩微、复印、传真等自动化技术在档案管理中的应用；"计算机辅助档案管理"，它强调应用计算机人机交互、对话的方式，辅助档案管理的各项业务工作；"档案现代化管理"，除了强调档案管理应

用计算机技术，实现管理手段的现代化以外，还强调档案管理理念、体制、方法的现代化；"文档一体化管理"，强调运用文件生命周期的理论，从公文和档案管理工作的全局出发，应用计算机技术实现档案的全过程管理和前端控制，提高文档管理的效率和质量。这些与档案信息化相关的概念形成，都是计算机技术及其在档案工作中应用状态、发展水平的标志，既反映了档案信息化理论研究和实践探索的阶段性成果，也反映了我国档案信息文化发展的轨迹。

二、档案信息化的发展战略及任务

"档案信息化建设是信息时代的大趋势，是推动档案事业发展的助推器。"[①] 档案信息化不是一般意义上的档案工作，而是档案事业发展的战略性举措，即关于档案事业发展的全局性、长远性谋划。战略思维是大智慧，战略谋划是大手笔，只有战略正确、任务明确，才能保障档案信息化既好又快地发展。

（一）档案信息化发展战略

1.加快档案信息化法规与标准体系建设

档案信息化工作要强化顶层设计的理念，加强立法，完善标准规范体系，使档案信息化工作有法可依、有章可循。档案工作肩负保存社会记忆的历史使命，在电子文件成为社会各项活动记忆的今天，需要从法律层面明确档案信息化的地位、作用与要求，明确电子文件（档案）的定义、属性、法律证据效力、体制机制、工作原则、管理内容和要求、机构及职责、权利和义务、归属和流向，解决电子文件（档案）的凭证作用不明确、电子文件的归档要求不统一、电子文件（档案）的利用及管理中存在各种风险等难点问题。与档案信息化"入法"相配套的是建立和完善档案信息化标准规范体系，包括基础标准、管理标准、业务标准、技术规范和专项标准等，使档案信息化成为技术标准清楚、质量要求准确、可操作性强的建设项目。

2.加强档案信息化的理论体系研究

档案信息化建设发展至今，已到了强烈呼唤先进理论的时候，这种"倒逼"现象，是由信息化建设"技术引领需求"的特有规律所决定的。档案信息化建设之初，大家都尝试将传统档案管理基本理论运用到信息化建设实践中。随着实践不断深入、范围不断扩大，目前，档案信息化建设遇到了"瓶颈"，在一定程度上是由缺乏相应的理论指导导致法规不健全、标准不配套、研究方向不明确、管理对象不明晰等问题导致。数字档案馆、电子文件中心、档案信息服务体系、档案信息利用体系、档案信息安全保障等档案信息化建设中的热点、难点问题，也需要基础理论来支撑。档案信息化理论研究要立足于档案工作实

---

① 王启佑：《档案信息化建设研究》，《机电兵船档案》2021年第1期。

践、行业特点、专业特色探索档案信息化发展规律，构建系统的、具有中国特色的档案信息化理论体系，引领、指导档案信息化工作。

3. 推进档案信息化成果共享与交流

应本着成果资源共享的原则，有效整合政府、院校、企业的智力资源，积极吸纳和采用具有全国推广价值的档案信息化技术研究成果，减少项目重复建设，节约国家投资。国家应对已经实施档案信息化建设的单位加强经验总结和理论研究，搭建一个交流平台，把取得的成果在档案业界进行推广和共享。另外，在具体项目建设过程中，要立足实践应用，合作攻关，充分吸纳先进信息技术的成果，优化建设中的各种技术方案和各种技术选型要求，解决具体的关键技术应用问题，注重使用标准规范的研究成果，引导市场，重点培育精通档案信息化建设业务的 IT 企业。

4. 探索档案信息化建设评估体系

档案信息化建设是一项系统工程，涉及的范围很广，它几乎涵盖了档案业务建设的所有内容。在档案信息化建设过程中若要确保建设质量，弄清建设中的短板或缺项，就需要对档案信息化建设实施评估。评估作为一种控制手段，需要建立一套科学、合理、可行的评估体系，该体系需要从系统论的角度考虑，全面分析评估体系的各个构成要素，合理设置评估指标，综合考量档案信息化建设成效，尤其是最后的评价结论要成为推进和改进档案信息化建设的重要参考依据。

（二）档案信息化建设的主要任务

档案信息化建设任务可归纳为以下六项内容：

1. 档案信息化基础设施建设

基础设施是档案信息资源收集、管理、开发利用的物质基础和技术条件，主要包括计算机和网络的软硬件系统、数据库管理系统、网络系统及计算机用房设施等。基础设施应当从先进性和适用性相统一的原则出发，按照档案信息化建设的规划和应用系统建设的实际需求，进行采购、配置和安装。目前，全国尚无统一的档案信息化基础设施建设规划，强调将档案信息化基础设施建设纳入本地区、本行业、本单位信息化发展总体规划，与电子政务、电子商务、办公自动化等基础设施共同建设，形成统一的系统平台和设备环境，以便获得必要的资金、技术支持，相互协调发展。

2. 档案信息资源建设

档案信息资源是国民经济和社会发展的战略资源，档案信息资源建设的任务包括三方面：一是开展档案目录和全文信息资源总库建设，满足机读目录检索和共享利用的需要；二是加快馆（室）藏档案的数字化工作，加强对珍贵档案的保护，满足档案内容网络查询

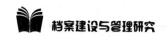

利用的社会需求；三是加强电子文件归档和电子档案移交进馆，将具有档案价值的电子文件收集好、管理好和利用好。档案信息资源建设应当与数字档案馆、数字档案室，以及社会公共信息库、所属单位管理信息库的建设相结合，充分实现资源的无障碍传输、互联互通和共享利用。

3. 档案管理应用系统建设

档案管理应用系统建设是信息技术与档案工作需求相结合的产物，是实现档案信息化实用价值的关键环节。其主要任务包括研制开发和推广应用相对统一、符合规范的档案管理软件，即电子文件归档管理、数字档案馆、数字档案室、档案行政管理等软件；推进档案信息化与电子政务、电子商务、办公自动化的同步发展；建设档案网站，并与本地区、本系统各级各类档案门户网站建立链接；运用档案管理系统开展档案管理各项业务，并做好应用系统的维护。

4. 档案信息化标准规范建设

标准规范化是档案信息化建设的重要基础，要在充分调研的基础上，根据国际标准和通用规范，逐步推出适合我国国情的档案信息化标准规范。档案信息化标准规范体系包括管理型、业务型和技术型三种，其内容包括电子文件归档和电子档案管理，档案信息资源的标志、描述、加工、存储、查询、传输、转换、管理和使用等，逐步形成具有中国特色的档案信息化的标准规范体系。形成的标准规范体系应与信息源（档案生成者）、信息用户（档案利用者）的标准规范体系兼容，使分散的档案机构、档案信息系统、档案资源库集成为有机的整体，真正在跨地区、跨行业、跨层次、跨部门的广阔空间内最大限度地实现档案信息资源的广泛共享。

5. 档案信息化人才队伍建设

坚持以人为本，始终把培养人才、建设队伍、提高人的素质放在第一位。将信息技术基础知识培训列入档案干部培训教学计划；加强档案信息化建设相关技术、技能培训课程与教材的建设；加强对档案业务人员实用技术的操作培训；更新档案人才队伍的知识结构，在内部培养人才的同时，吸纳社会信息技术人才力量，形成开放式的人才队伍，形成尊重知识、尊重人才、鼓励创新、人尽其才的良好工作氛围，营造优秀人才脱颖而出、健康成长、才尽其用的政策环境。

6. 档案信息安全保障体系建设

档案信息化安全责任重于泰山。档案信息安全保障体系建设包括建立档案信息安全保障组织体系、健全档案信息安全管理的法规制度、加强档案管理应用系统的安全管理、采取管理和技术手段确保档案信息网络传输的安全、加强对档案信息安全的行政监管和业务指导、加强档案人员的安全教育等。

第二节　档案信息化建设的必然性及意义

一、档案信息化建设的必然性

第一，档案信息化是档案工作新技术发展的必然结果。档案管理工作量大、专业性强、使用频率高，传统的档案管理工作程序复杂且烦琐，且易产生错漏，需要耗费大量的人力、物力进行查找与利用。档案信息化建设充分利用云计算、大数据、物联网、人工智能等新技术，以高速、高效、高质的优势有效解决传统的档案管理模式存在的短板。档案信息化管理已经成为档案事业发展的必然需求与行为。

第二，信息化进入档案管理及档案服务的全过程。新《档案法》增加的信息化建设章节，正是信息化进入档案管理及档案服务的必然结果。档案信息化已经成为档案工作中的一个必然且需要常态化管理的普遍存在。在实际工作中，无论是政府机构还是普通民众，他们对档案信息的需求量都越来越大，档案利用频次逐年增加，利用领域不断扩大，档案信息化建设可适应多样化需求，充分发挥档案信息的服务性作用，促进档案事业科学发展。

第三，档案信息化是档案管理发展的必经阶段。随着与档案管理有关的创新型科研成果不断推陈出新，档案事业也经历了一系列发展过程，档案信息化是档案事业发展过程中诸多技术变迁的一种。档案的信息化建设能够在档案的信息挖掘、归纳整理方面，丰富档案管理内涵，提升档案服务质量，在社会发展的过程中充分发挥档案的重要作用，促进档案事业的转型发展。

二、档案信息化建设的重要意义

档案信息化建设无论是对档案事业自身发展，还是对社会信息化发展，都具有十分重要的现实意义和深远的历史意义。

（一）社会信息化建设的客观要求

人类已经进入崭新的信息社会。信息化已经成为衡量一个国家、地区、企业或专业综合实力的重要标志，各行各业都在贯彻实施信息化战略。档案事业发展也必须主动适应时代潮流，搭上信息化快车，加快现代化步伐。

社会信息化包括政府、企业、家庭、社会保障体系信息化四大领域。这四个信息化都离不开档案信息化，因为这些领域的信息化已经或正在形成浩瀚的电子文件，这些新型文件打破了纸质媒体一统天下的局面，使信息的存储媒体、传播媒体、表现媒体呈现多元化

发展态势。新媒体与传统媒体相融合，深入社会生活的各个领域，深刻地改变着人类的生存环境和生活方式，并留下精彩纷呈的数字记忆。这些记忆是社会的宝贵财富，迫切需要实行档案化管理，即采用信息技术手段进行收集、整合、保管和共享利用，以提高其整合度，延长其价值链，保障社会的全面、协调、可持续发展。因此，档案信息化是时代和社会信息化发展的客观需要。

（二）档案工作现代化的必由之路

档案工作现代化是指用科学的思想、组织、方法和手段，对档案工作进行有效管理，使之获得最佳的工作效率、经济效益和社会效益的过程。信息化与档案工作的结合，不仅能减轻手工劳动，提高工作效率，而且能全面优化档案工作的各个要素，全面提升档案管理水平。

1."化"观念

信息化是一个充满生机和活力的领域，也是公开、公平的人类活动平台。信息技术的应用，可以使档案工作者不断破除封闭、狭隘、守旧、畏难的落后观念，激发起开拓、开放、效益、效率、服务等先进意识，弘扬追求理想、崇尚科技、奋力改革、务实创新、图存图强、团队作业的精神，营造尊重知识、尊重人才、鼓励创新的社会氛围，为档案事业的持续发展赋予强大的正能量。

2."化"资源

档案信息资源是管档之基、用档之源。按照档案信息化的要求，需要将电子档案收起来，将存量纸质档案数字化做起来，将档案信息资源总库建起来。做好这些工作，就能逐步解决目前馆藏档案中存在的载体单一、门类不全、存储无序、利用不便等难题，显著增强档案资源的丰裕度、适用度、有序度、集成度、可靠度，使档案管理从实体管理转变为内容信息管理，再转变为知识管理，更好地满足社会大众不断增长的档案信息利用需求。

3."化"管理

信息技术的应用，会暴露出传统管理模式的弊端，向传统管理模式提出挑战，从而促使档案管理部门加快建立与信息技术应用相适应的档案管理原则、体制、机制、规范和考核体系，加强档案收管用等各项基础工作，以保障档案信息化的顺利实施和建设成效。信息化管理水平越高，对改革传统管理观念和模式的要求也越高。因此，档案信息化的推进必将全面、持续地提升档案管理的现代化水平。

4."化"技术

先进和适用的技术永远是档案信息化发展的强大动力。然而，先进和适用有时会产生矛盾，只有进行档案信息化实践，才能使技术的先进性和适用性取得统一，产生效益，才能持续激励档案工作者关注、引进、吸收新兴的信息技术。事实证明，档案信息化一方面能促使先进的信息技术与档案管理有机结合，对档案和档案工作产生带动和增值作用，另一方面也会使信息技术在档案需求的导向下日臻完善，促进信息产业的发展。

5. "化"队伍

信息化是技术密集型、知识密集型的事业，档案信息化对高素质人才具有依赖性。一方面，它促使我们去选拔和培养人才，更新档案人才队伍的专业结构和知识结构，并合理地组织和使用人才，最大限度地调动人才的积极性；另一方面，档案信息化的理论研究和实践锻炼，又为人才的培养和能力的发挥提供了机会和舞台，使越来越多热衷、尽心、擅长信息技术的档案人才脱颖而出，创新创业。

（三）提高档案服务水平的必然选择

在传统的管理方式中，档案人员借助简单工具，通过手工方式对档案实体进行收、管、用。其局限性在于：只能通过档案实体（如文件、案卷、卷盒）的整理、存放、调用和传递，管理和利用档案的内容；用户利用档案，只能实时（上班时间）、实地（在阅览室）调用档案实体（案卷）进行查阅；档案信息难以脱离档案实体，灵活、高效地跨越时空，广泛共享。信息化时代的档案利用可以突破原有档案利用的局限，提高档案信息资源利用效率。

第一，直接查阅内容。电子档案信息内容和实体的可分离性，使我们可直接对档案信息内容进行灵活的分类、排序和组合，利用计算机检索途径多、能力强的优势，快速查找；同时，还能实现对档案信息内容的全文检索。

第二，提供多媒体信息。可以采用多媒体技术，提供声情图文并茂的多媒体档案信息，真正做到让记忆说话，让记忆显影，生动逼真地还原历史。

第三，跨越时空障碍。档案信息化系统可以借助互联网，将任何档案信息在任何时间传递到任何地点的任何人手中，彻底打破了档案信息传递的时空障碍，实现"全天候"服务。

第四，实现联动服务。通过网络将档案服务的主体，包括档案馆、档案室、社区事务受理服务中心的档案资源连成整体，通过数据集成的手段，在馆室联动、馆社联动、馆际联动的基础上，实现档案信息的"一站式""一口式"或"一门式"服务，联动服务在民生档案服务中特别有效。

第五，服务的多样性。信息技术，特别是网络技术的应用，极大地拓宽了服务主体、服务对象、服务手段、服务形式和服务媒体，如网站查询服务、电话咨询服务、微博微信服务、个性化推送服务、主题展览服务等，使服务真正做到以用户为中心，以需求为导向，进一步改善档案部门的服务形象。

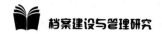

第三节　档案信息化建设的人才队伍保障

在档案信息化进程中，知识和掌握知识的人才是事业获得成功的决定性要素，也是信息化保障体系建设的核心任务。信息技术的发展已经为档案信息化提供了优越的条件，然而，技术的日新月异也对档案信息化人才提出了越来越高的要求。能否培养好、使用好各类人才已经成为档案信息化实力的主要标志。

一、档案信息化人才队伍的素养要求

（一）创新档案信息化人才的思想观念

观念虽然无形，但是对提升档案信息化人才的决策能力和执行能力具有决定性的作用。为此，需要培育以下七种新思维：

1. 开拓思维

树立追求理想、崇尚科技、奋力改革、不断开放、不畏艰险、不甘落后、奋勇拼搏、图存图强的开拓意识，破除守旧、畏难、不作为的落后意识。

2. 战略思维

战略是对事业发展全局性、长远性的谋划，战略眼光是大视野，战略目标是大手笔。为此要将档案信息化和社会发展的大趋势，如改革开放、经济繁荣、知识管理、文化传播等紧密联系起来，将社会需求作为档案信息化的目标，形成科学的"顶层设计"，自上而下、积极稳步地组织和推进档案信息化工作，改变过去各自为政、分头重复建设的粗放型发展格局。

3. 策略思维

策略是又快又好地实现战略目标的最佳路径。当前针对档案信息化的薄弱环节，应当实行"内合外联"的策略，即对内实行档案技术和信息资源的整合，以整合的实力提升外联的能力；对外实行与外部信息系统的外联，将优质档案信息资源接收进来，辐射出去，使档案信息系统成为社会信息的集散枢纽。

4. 人本思维

档案信息系统要真正做到"以用户为中心"，即以档案利用者和档案工作者应用度、满意度作为信息系统建设的出发点和归属点。为此，信息系统要尽可能满足用户，特别是社会大众的需求，且做到操作简便、界面友好、富有人性。

5. 开放思维

网络化是一个开放的平台，只有开放才能充分发挥网络化的优势。因此，档案信息系统要积极致力于与各种社会信息系统互联互通，无缝对接，在互联中获取更多的数字档案资源，在网络化服务中提升档案工作的社会影响力和认可度。

6. 忧患思维

电子档案的存储密集性、传播快捷性、技术依赖性和表现虚拟性，使其失真、失全、失效、失密的风险日益增大，而且数字化带来的灾难往往具有一瞬间、毁灭性的特点。由此，搞档案信息化建设要居安思危、未雨绸缪，警钟长鸣，一手抓技防，一手抓人防，两手都要过得硬。

7. 辩证思维

档案信息化会遇到许多矛盾的对立面和统一体，如资金的投入与产出、数据的存入与取出、配置的集中与分散、信息的共享与保密、文件的有纸与无纸、资源的增量与存量等，需要我们用联系的思维和发展的眼光去认识，处理好对立统一的关系，避免非此即彼或顾此失彼的僵化思维方式。

（二）重构档案信息化人才的知识结构

按照档案信息化的需要，现代档案工作者的知识结构需要做以下补充：

一是信息鉴定知识。信息时代的档案信息在规模上是海量的，在门类上是多维的，在价值上是多元的。档案工作者只有具备电子档案信息内容价值和技术状况的鉴定知识，才能及时、准确地捕捉和收集具有档案价值的信息，并根据其重要程度划定保管期限。

二是科学决策知识。档案信息化迫切需要科学规划。档案工作者只有具备开展调查研究、制订科学战略规划和规划实施方案的能力，才能把握大局，把握方向，登高望远，运筹帷幄，避免信息化走弯路，受损失。

三是宏观管理知识。档案行政是档案信息化的直接动力。档案工作者应当具备组织、指挥档案信息化工作的业务能力，具备有关档案信息化法规、制度、标准、规范的专业知识，以及从档案业务和信息技术的结合上依法行政的执行力。

四是需求分析知识。档案信息系统建设须以用户为中心、需求为导向。为此，档案工作者应能对档案信息的显在用户和潜在用户、当前用户需求和未来用户需求、本单位内部需求和社会大众需求，进行全面的、前瞻的分析，并对档案信息系统的信息需求、功能需求和性能需求进行准确的描述和规范的表达。

五是系统开发知识。为了实现档案业务和信息技术的完美结合，档案工作者必须全程、深度参与档案管理信息系统开发。为此，档案工作者需要学一点软件工程的理论和软件开

发的技术，学会用信息技术的专业语言与信息技术人员进行沟通，准确表达档案工作者对信息系统建设的需求。

六是系统评价知识。评价是系统维护和改进的前提。档案工作者要具备评价档案信息系统质量的能力，能从档案管理和计算机技术的专业角度，评价档案信息系统的间接效益和直接效益，评价系统管理指标、经济指标和性能指标，并能对系统存在的问题提出改进的意见和建议。

（三）提升档案信息化人才的操作技术

第一，信息输入技术。能够采用传统的键盘输入技术，先进的语音、文字、图像识别输入技术，数据导入、导出转储技术，数码摄影、摄像技术，快速、准确地输入文字、图像、声音、视频等信息。

第二，信息加工技术。能够采用信息检索工具，从指定的网页、服务器、脱机载体中采集档案信息；按照档案的形式和内容特征进行分类；按照档案的内在联系进行组件、组卷或组盘；采用自动或手工方式对档案进行著录和标引，以及对档案元数据进行采集、封装和管理。

第三，信息保护技术。熟悉或掌握数据库管理、数据组织、数据迁移、数据加密、数字签名、脱机存储、网络访问控制、数据容灾，以及维护电子档案真实性、完整性、有效性和安全性等技术。

第四，信息处理技术。熟悉或掌握文本编辑、图像处理、视频编辑、文件格式转换、数据下载或上传等技术。了解或掌握档案多媒体编研技术，能围绕特定主题，将编研素材编辑制作出档案编研成果。

第五，信息查询技术。能够按照用户查档要求，正确选择检索项、关键词、主题词、分类号，并正确组织检索表达式，对在线或离线保存的文本、超文本全文信息进行检索，并对检索结果进行打印、下载、排序、转发等处理。

第六，信息传输技术。包括采用电子邮件、短信、微博、微信等手段接收和传播文本型、图像型、声音型、视频型等各类档案信息。

（四）优化档案信息化人才的队伍结构

档案信息化建设的人才队伍至少需要以下四种类型的专业人才，特别需要兼备两种以上特质的跨界复合型人才：

1. 研究型人才

档案信息化需要科学的理论指导，没有理论指导的实践是盲目的实践，脱离实践的理论是空洞的理论。研究型人才是理论的探索者和实践的导向者，其主要责任是：研究档案信息系统建设的理论；探索电子文件归档管理和电子档案科学保管、远程利用的方法；研究新技术、新方法在档案领域的应用；研究、开发先进、适用的档案信息管理软件；提出电子文件和数字档案管理的标准规范；主持或参与档案信息化科研工作；从理论和实践的结合上指导档案信息化工作的开展；培养档案信息化建设人才。目前，档案信息化研究者主要由档案信息化工作者和高校师生构成，他们有各自的优势，却又各自存在理论与实践方面的不足。最好是两方面研究者进行强强联合、优势互补，促进理论和实践的紧密结合和良性互动。

2. 管理型人才

档案信息化是复杂的系统工程，需要实行严格的目标管理和精细的过程控制。管理型人才的主要责任是：掌握国内外档案信息化建设的现状、经验教训、发展趋势；制订切实可行的档案信息化战略规划和实施方案；制定相关的管理办法和标准；组织、指挥、督促、指导本地区及本单位的档案信息化工作；协调档案信息化建设和其他外部信息系统建设之间的关系；培养和使用档案信息化人才资源；有效筹集和合理使用信息化建设资金；等等。目前，各机构的档案信息化管理职能多数由档案管理人员担任，他们具有传统档案管理的理论知识和实践经验，但是，往往缺乏信息化知识和技能，加之公务繁忙，缺乏接受信息技术继续教育的机会，可能造成档案信息化管理上的缺位或错位。由此，亟待通过各种途径，提高现有档案行政干部的信息化素养。

3. 操作型人才

档案信息化涉及的环节多，操作性强，需要一大批既懂档案管理业务，又熟悉计算机操作技能的操作型人才。这类人才的主要责任是应用计算机网络技术，从事档案数据积累、归档、组卷（组件）、分类、编目、扫描、保管、鉴定、检索、数据备份等操作，他们的工作重复、枯燥，容易因疲劳、烦躁而出差错。而他们的工作责任心和操作能力，直接关系档案信息资源的安全、质量和价值。对他们的素质要求是具备强烈的信息安全意识、高度的工作责任心和熟练的操作技能，例如，纸质档案扫描，只要求掌握规范的操作流程和方法，以及必要的图像处理技术。操作型人才的培养需要短期的突击培训，而更主要靠在实践中锻炼成才。

4. 其他人才

（1）法律人才。档案信息化建设，特别是网站建设，可能涉及保密、隐私保护、知识产权、合同管理、网络安全等法律问题，需要具有相关法律知识的人才提供法律支持。

（2）外语人才。外资、中外合资企业的档案信息系统和档案信息资源往往涉及大量的外文，需要外语人才。

（3）数据库管理人才。数据库定义、运行维护、资源配置、权限设置、数据迁移等都需要数据库管理的专业知识，此项工作往往由本单位信息技术人员担任，如果数据库服务器设在档案部门的，档案部门也需要配备这样的专业人才。

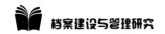

（4）多媒体编研人才。如果本单位需要大量从事多媒体档案编研工作的，则需要配备必要的多媒体档案编研人才，以便从事对多媒体档案收集、整理和编辑工作。

值得指出的是，以上人才结构的落实，关键在档案部门的岗位设置。由于各单位受人力资源编制的限制，从实际出发，以上人才岗位的设置，既可以是专职，也可以是兼职，如果是兼职，不宜过多，以免影响其专业能力的发挥。

二、档案信息化人才队伍建设的策略

"在档案信息化建设工作中，通过培养档案信息化人才队伍，不仅能够为档案信息化建设打下坚实的基础，同时也是各档案管理部门的重要使命。"[1]通过培养一支专业技能过硬及思想道德素质突出的档案人才队伍，可以有效地实现信息化建设与档案工作的有效结合，并全面增强现实操作价值，以此来推动档案信息化建设的进程。

（一）档案信息化人才的预测与规划

人才的引进与培养不可能一蹴而就，特别是从档案队伍中培养信息化人才需要较长的时间。为此，各单位要按照本单位、本行业档案信息化长远规划和可行条件，分析人才总量、结构、分布与需求的差距，人才需要进行前瞻性预测，对人才引进和培养方式进行决策、制订计划、纳入编制，然后有步骤地引进和培养人才。规划要综合考虑到人才的知识结构、技能结构和类型结构。

（二）档案信息化人才的组织与管理

第一，加强人才队伍建设工作。各机构要真正树立起科技是第一生产力和人才是第一资源的意识，把档案信息化人才队伍建设工作摆上重要议事日程，定期讨论研究，解决人才配备、培养、使用中遇到的难题。

第二，加强人才资源的行政管理。人力资源管理人员要注重发现有潜质的人才，将他们安排在适当的岗位，为他们提供施展才华的舞台；要培养人才的创业精神和实践能力，对在信息化建设中做出贡献者给予必要的奖励；要提供必要的工作条件，保障经费，加强对信息化人员的继续教育和岗位培训，提高他们的综合素质、服务意识和档案信息安全意识；要重视对人才理论、人才成长规律和管理规律的研究，学习借鉴国外人才资源开发的经验。

第三，加强督促检查，狠抓落实。定期对档案信息化人才队伍建设情况进行调查研究、督促检查。建立一套符合人才成长规律的工作制度和人才成长的良好氛围，为建设素质优良、结构合理、队伍稳定、技术精湛、经验丰富，并具有敬业精神的档案信息化人才队伍提供各种支持条件。

① 金淑红：《对档案信息化人才建设的一点认识》，《黑龙江档案》2019 年第 3 期。

（三）档案信息化人才的培养与使用

1. 档案信息化人才的培养途径

（1）对现有档案人员的教育与培训

加强档案业务人员培训是解决档案信息化建设所需人才的主要措施，是提高现有档案人员信息化能力和技能的主要途径。

在培训内容方面，《全国档案信息化建设实施纲要》提出："坚持各级档案部门领导干部进修制度，把档案信息化建设相关的计算机应用基础知识、数字化技术知识、网络技术知识、现代管理技术知识等列入指导性教学计划；加强对档案业务人员应用新技术、新设备、新方法的培训，普及信息技术知识，提高档案业务人员掌握和运用现代化技术的技能。"

在培训方式方面，要把档案部门自主培训和社会辅助培训结合起来，发挥各方面的优势，增进培训效果。档案部门自主培训的方法包括：建立人才培训中心，根据实际需求分期分批地进行轮训，有条件的单位可以设立研究机构，培养高级信息人才。借助社会协助培养包括：利用高校优势，加大档案信息专业培训力度，与国内外教育或信息、技术机构合作建立人才培训中心，选拔有培养前途的档案业务人员到高校深造。不管采取何种培训方式，首要的一点是要有科学的规划和必要的投入。有了规划，人才培训机制才能得以建立，培训工作才能坚持始终。投入，则是培训工作的资金保证。没有投入，即便有再好的规划，培训工作也难以落实。同时，要把档案信息化建设的实践作为锻炼队伍培训人才的过程，成为边学习、边实践、不断总结、不断提高档案业务人员信息化建设能力和实际操作技能的过程。

（2）引进人才

档案信息化建设需要的信息技术、信息管理专业人才，很难在短时期内从档案工作者中培养。为了满足急用之需，需要从社会上引进 IT 人才。引进的人才一定要综合素质高，事业心、责任心强，信息技术能力强，团队协作意识强。为此，在引进人才时要严格审核，特别要考察其解决实际问题的能力，避免盲目引进。对引进的 IT 人才，要尽快使其掌握档案理论和业务知识。

（3）短期聘用人才

IT 人才也分各种层次和专长，他们适用于档案信息化建设的各个阶段和岗位，如系统分析员适用于系统建设的前期阶段。该阶段结束后，就不用系统分析员了。因此，档案信息化建设中涉及的一些高级技术人才和纯技术性工作的人才可以用外包、合作或聘用的办法加以解决。档案信息化建设所需要的法律人才、外语人才、多媒体编研人才、数据库管理人才、系统维护人才，也都可采取这种方式解决。

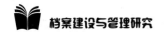

2. 档案信息化人才的培养方式

人才培养的方式应当是多层次的。高等院校是档案信息化专业人才的培养基地，具有较强的师资力量、较高的科研水平和完备的教学设施，是我国档案人才培养的骨干和主体。目前，全国有档案学专业的高等院校 35 所，设立档案学专业硕士点的高校 28 所，每年培养档案学专业人才千余名。然而，这些院校现有的教学规模仍不能满足档案信息化人才发展的需要，而且单纯的学历教育难以满足档案信息化实践的需要。因此，必须通过继续教育、岗位培训、专题短训等方式，对具有档案专业背景和信息技术背景的人才，按照"缺什么，补什么"的原则，进行各种专业知识和技能的突击培训，完善人才的知识结构，以解档案部门复合型人才缺乏的燃眉之急。

3. 档案信息化人才的使用

档案信息化建设要想吸引人才、留住人才、调动人才为档案事业奉献的自觉性和主动性，就需要制定相应的人才吸引政策：关注和解决档案信息化人才的切身利益；给人才安排适当的岗位，使其发挥专长；给人才提供继续教育和实现自身价值的机会，真正做到以"事业留人""感情留人""适当的待遇留人"，真正做到人尽其才，才尽其用。

第四节 档案信息化建设的信息技术保障

改革开放以来，我国档案事业坚持信息化带动战略，取得了长足进步。实践证明，以信息技术应用为先导的科技创新，永远是档案事业科学发展的不竭动力。当前时代正面临新一轮信息技术革命的浪潮，为了更好地抓住信息技术革命的先机，紧密跟踪、研究和自觉应用新一代信息技术，需要增强对新技术发展和应用趋势的认识。

一、新一轮信息技术发展的"四化"态势

当今时代，在社会需求的驱动下，信息技术的发展精彩纷呈，并呈加速度的态势。归纳起来有以下的"四化"：

（一）信息技术的移动化

笔记本电脑、智能手机、移动电视、平板电脑以及各种电子阅读器的迅速普及，加上各种无线、宽带互联技术的迅猛发展，使包括多媒体在内的各种信息的处理、传播具有更强的移动性、便捷性、普及性。韩国在 2005 年宣布电子商务进入了移动电子商务时代，前提是该国无线网和移动 IT 技术的高度普及，由此改变了社会的商业运作模式。iPhone 曾代表移动计算技术发展的潮流，其便捷的拖曳触摸屏技术、无限在线和无尽存取的网络链接，给用户以全新的体验，由此获得无数"果粉"的青睐。如今与 iPhone 类似的智能手机、

平板电脑、电子书如雨后春笋般涌现，传统电脑、电视已经全面进入了移动化时代。

（二）信息技术的融合化

融合化的标志是移动通信、有线电视和互联网三网融合，手机、电视机和计算机三机合一主流网络和先进终端设备的融合，加上移动 4G 和 5G 无线宽带技术的普及，以及包括多媒体、高清、数码压缩、媒体播放器等影像技术的飞速发展，使人们可以利用碎片时间上网工作、学习、交友、娱乐，从而使网络使用更加人性化、私密化、娱乐化、交互化、移动化，也使各种大容量高清多媒体信息被移动地、流畅地浏览，跨越时空，进一步深入社会各领域，改变人类的生活方式。推而广之，目前新兴的信息技术，包括云计算、大数据、物联网等都是融合技术，"互联网 +"讲究的也是融合。档案信息化要密切关注和应用新兴信息技术的融合优势。

（三）信息技术的虚拟化

虚拟技术是利用计算机模拟某种时空环境，使人们在虚拟环境中感受真实环境，从而省却了置身真实环境所需的资金投入或安全风险。如虚拟终端技术可将某应用软件推送到各台低配置的终端机上，终端机只需浏览器，不用下载和安装软件，即可享用千姿百态的网络资源。目前，虚拟终端、虚拟服务器、虚拟存储、虚拟桌面等技术迅猛发展，随着云技术的普及应用，虚拟技术与商业运作模式结合起来，必将迅速拓展到社会生活的各个方面。在档案信息化中，虚拟档案馆、虚拟档案室的应用将使数字档案馆、数字档案室建设向更加专业化、规模化、集成化和高效化方向发展，使未来档案信息系统以更低的成本和风险、更高的质量和效率运作。

（四）信息技术的依存化

未来信息技术的应用都不是异军突起、孤军作战，各种新技术必将更紧密地相互依存、集成，优势互补，浑然天成，如云技术就融合了网格技术、虚拟技术、分布技术、资源均衡技术等。同时，新技术的应用将更加依赖运行的环境体系，如云技术应用就需要依靠法治化、规范化的商业运作模式。由此，对各种信息技术的综合化、集成化应用，以及在新技术应用中各种保障措施的及时配套跟进，将考验档案行业驾驭信息技术的能力和智慧。

二、信息技术新发展给档案信息化带来的影响

信息技术对档案工作的影响是"双刃剑"。只有正确认识和科学应用信息技术，才能趋利避害，给档案工作发展带来正能量。信息技术在档案信息化领域中的应用前景十分宽广，以下简单介绍和评述新一轮信息技术对档案工作发展的影响，希望引起档案工作者的密切关注。

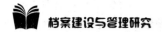

（一）图像采集与识别技术的影响

为了适应多媒体和全媒体技术的飞速发展，近年来，计算机图像采集与识别技术日新月异，对档案信息化产生了深刻的影响。

图像采集技术：包括数码摄影、摄像、扫描等图像采集设备的功能日益强大，使用日益便捷，由此催生了海量的、高质量的图像信息。一方面，使多媒体档案的收集、整理、保管、保护面临巨大的压力和难题；另一方面，使档案资源增添大量生动直观的优质信息资源，弥补了传统文字档案可视化不足的缺陷。

识别技术：包括生物识别、图像识别、磁卡识别、电子标签（射频识别技术，简称RFID）等识别技术的日益成熟和成本下降，为档案信息化的应用创造了充分的条件，在辅助档案实体的档案进出库登记、借阅登记、归还登记、入库档案清点、档案库房安全管理等方面有广阔的应用前景。

手机二维码技术：该技术已经广泛应用于社会各领域，也可用于档案用户身份识别、文件防伪和网站快速定位等，能显著提高档案信息主动推送和档案网站快速访问的效率，进一步促进档案事业的社会化。

光学字符识别（OCR）：该技术使图像信息迅速转换为文字信息，便于将目前大量扫描形成的图像档案文件转换为档案大数据，便于当代大数据技术的应用，为档案的内容管理和全文检索奠定重要的基础。

（二）存储技术的影响

随着数字信息存储技术的飞速发展，存储领域涌现出存储区域网络、网络附属存储、云存储、固态硬盘、存储卡、磁盘阵列、磁带库、光盘、光盘塔、光盘库等新型存储技术和存储设备，该技术对档案信息化同样产生了深刻的影响。

海量化存储技术：存储海量化、载体密集化、存取快捷化，一方面更有利于发挥大数据电子文件存储密集、传播方便的优势，有利于大容量多媒体电子档案的长期保存，另一方面也增加了电子档案信息失窃、失落、失真、失密的风险，使电子文件安全保管面临更大的挑战。

集群存储技术：多台服务器"团队作业"的集群存储技术能显著提高档案信息系统的快捷性、稳定性和灵活性，有利于大数据档案的安全存储、高效处理和广泛共享。

自动采集元数据技术：如今计算机的各种移动终端都可以为我们的操作行为自动留痕。手机和相机的摄影、摄像都可以自动记录拍摄的日期、位置（GPS信号）、版权等元数据，有效地保护、管理和利用这些信息，可以使电子文件元数据管理真正从理论探索走向实践，显著增强电子文件的真实性、完整性、有效性和还原历史的能力，由此确保电子文件的档案价值。

固态硬盘技术：该技术的普及将使信息存储更加稳定，使信息处理更快捷，也使移动终端更加轻便、省电，这将有利于档案数字化信息的长期保存和保护，同时也将加速档案服务终端的移动化进程。

（三）检索技术的影响

检索技术包括搜索引擎、网络机器人、智能检索、图像检索等，该技术对档案信息化的影响有：

检索功能智能化，使计算机对自然语言（如关键词）的检索具有一定的语义推理、扩检能力，可显著提高查全率和查准率并方便用户，将广泛应用于档案检索。

检索条件图像化，将过去的通过文字检索转变为通过图像检索，如指纹、照片检索，从而显著提高影像档案的检索能力，给检索手段带来革命性的变化。

检索服务简单化，使各种移动终端和搜索引擎的使用更加"傻瓜化"，从而使检索服务更加人性化，如检索后提供自动摘要、自动跟踪、自动漫游、机器翻译、动态链接等，网络机器人技术可以对特定的检索需求进行定制，自动挖掘互联网信息。

检索领域多样化，可提供多语种、多媒体服务，还能提供政治、军事、金融、文化、历史、健康、旅游等各种专题的个性化服务，这些都能使档案检索系统的设计更好地面向用户，深入满足大众的各种档案需求。

（四）移动终端技术的影响

移动终端技术包括5G通信技术、移动电视、平板电脑、电子阅读器技术等，该技术对档案信息化的影响有：

第一，基于5G通信的移动技术，使过去的移动脱机终端向移动互联网终端发展，可将任何公开的档案信息在任何时候提供给任何地点的档案用户，使档案利用彻底打破时空障碍。

第二，终端的移动性更强，智能化程度更高。智能手机、平板电脑、电子阅读器、超级本电脑等性价比迅速提升，使档案的远程移动检索成为可能。

第三，智能终端操作系统及应用技术迅猛发展，为档案信息采集、处理、编辑、利用、传播提供了丰富的功能，也为档案事业发展提供有力的技术支持。

第四，人机交互技术日益更新，包括触屏技术、语音处理技术、体感动作识别技术等使移动终端的用户界面更加友好，吸引了越来越多的档案用户，进一步扩大了档案工作的社会影响。

（五）融合技术的影响

融合技术包括三网融合、三机合一和物联网技术，"三网融合"是指电信网、广播电视网、互联网三类网络的融合。"三机合一"是指电视机、电脑、手机三类终端之间的信息互联，功能优势互补。"三网融合"是"三机合一"的基础，物联网（LOT）是物物相连的互联网，其核心和基础仍然是互联网，然而，通过识别器、传感器、控制器等技术，形成人与物、物与物之间相连。该技术对档案信息化的影响有：

第一，使网络用户遍及社会生活的各个领域，档案信息系统只要搭上"三网融合、三机合一"的平台，就将显著提升其社会影响力。

第二，使多媒体信息的制作、编辑、传递、检索更加方便快捷，同时为多媒体信息的广泛传播及其开发、利用提供了先进的平台。

第三，有利于减少基础建设投入，简化网络管理，降低维护成本，进一步提高网络资源共享利用水平。

第四，物联网将进一步提高档案自动化管理水平，在自动调阅档案卷、手机遥测并控制档案库房温湿度等方面有广阔应用前景。

（六）影像技术的影响

影像技术包括数码相机、摄像机、多媒体、流媒体、3D展示、数码压缩、触摸屏等技术，该技术对档案信息化的影响有：

第一，影像清晰度的日益提高，使多媒体档案的记录质量和利用价值进一步提升，为档案的编研和社会服务开辟新的领域，同时也使影像档案存储更加海量化，对档案的收集、整理和长期有效保存提出了新的挑战，并对档案存储密度和档案信息传输的带宽提出了更高的要求。

第二，流媒体、媒体播放器和数码压缩技术的日益发展，将使多媒体档案的网络传播速度更高，编辑效率也越高，终端播放更加流畅。

第三，多媒体编辑工具的功能日益强大，并向移动终端延伸，为档案多媒体编研技术的普及创造了条件，也将促进档案多媒体编研工作的广泛开展。

第四，3D展示技术提供了档案虚拟展览手段，在档案信息的网络展览和社会化传播方面将有广阔的用武之地。

（七）安全技术的影响

安全技术包括数字签名、数字印章、数字加密、防火墙技术、备份技术等，该技术对档案信息化的影响有：

第一，由单一安全产品向安全管理平台转变。档案信息系统安全防护技术将借助先进的管理平台成为一个有机组合的整体，而不是仅靠单一的安全防护产品，头痛医头，脚痛医脚。

第二，由静态、被动防护向动态、主动防护转变。档案信息系统可采用动态、主动的安全技术，如应急响应、攻击取证、攻击陷阱、攻击追踪定位、入侵容忍、自动备份、自动恢复等防御网络攻击。

第三，由基于特征向基于行为的安全防护转变。过去档案信息系统按特征拦截黑客攻击存在较大的漏洞，而基于行为的防护技术可做到疏而不漏。

第四，内部网安全技术得到发展。网络安全威胁不仅来自外部网络，有时内部网络的安全威胁更大。因此，档案信息系统内部网络安全技术将越来越得到重视。

第五，信息安全管理由粗放型向量化型转变。对档案信息安全状况检测和评估的量化，将改变过去凭经验、模糊化的粗放管理方式，使安全控制更加有效。

第六，基于软件安全的方法及相关产品将快速发展。软件是信息网络安全的灵魂，发展基础性档案信息安全软件，有利于从根本上杜绝安全事故。

鉴于以上发展趋势，今后，档案信息的安全管理将趋向于合理地选择和配置先进适用的网络安全技术，制定安全管理策略，正确使用安全技术。

三、云计算技术在档案信息化中的应用

云计算是当前信息技术领域的热门话题之一，正受到社会各界的高度关注，并将使档案信息化面临一系列新的机遇和挑战。

（一）云计算的概念及特征

云计算是一种基于互联网的计算方式。这种方式利用分布式计算和虚拟资源管理等技术，通过网络统一组织和灵活调用，将分散的信息资源集中起来形成共享的资源池，并以动态按需和可度量的方式，向使用各种形式终端的用户提供服务。在云计算环境中，应用软件直接安装到了"云"端的服务器中，而不是用户终端上，用户仅需要通过 Web 浏览器登录到"云"端的管理平台就可以使用软件并得到所需服务。"云"是对计算服务模式和技术实现的形象比喻。"云"由大量基础单元云元组成，各个云元之间由网络连接，汇聚成为庞大的资源池。

按照云计算服务提供的资源所在的层次不同，可以分为 IaaS（基础设施即服务）、PaaS（平台即服务）和 SaaS（软件即服务）三种服务方式；根据服务对象的不同，则可以分为面向机构内部提供服务的私有云、面向公众使用的公有云，以及二者相结合的混合云等。

（二）云计算给档案信息化建设带来的优势

采用云计算技术能够给档案信息化建设带来诸多益处，具体如下：

第一，实现档案信息资源共享。通过云计算，档案部门可避免因档案管理系统软件的多头开发所造成的"信息资源孤岛"现象，可在不同地域档案部门之间共同构筑档案信息资源"共享池"，实现电子档案资源的高度集中统一管理和广泛共享。

第二，节省投资成本及运维费用。众多档案部门不再需要构建自成体系的软硬件平台，而以极低的成本投入获得极高的运算能力，大幅度降低运维费用和提高运维效率。

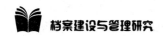

第三，提高信息系统的安全性。以往档案馆中的数据都集中在本馆的服务器上，一旦服务器出现故障，档案馆就无法为用户提供正常的服务，甚至导致数据的丢失。而采用云计算就会存在大量服务器，即使某台服务器出现故障，其他服务器也可以在极短的时间内将故障服务器中的数据拷贝到其他服务器上，并启动新服务器，继续提供无间断服务。

第四，解决人才短缺问题。云计算的档案信息系统维护都由云端技术人员负责，与目前各档案部门配备专门的信息技术人员的做法相比，既专业又节约人力成本。

（三）云计算对档案信息化建设的保障

目前，档案信息化面临资源整合难、数据集中难、系统运维难、资金投入难、人才引进难等诸多难题。云计算技术的出现，将为档案部门走出困境提供新的思路。

1. 档案信息化的基础设施保障

由于经济水平的差异，不同地区对档案信息化建设的投入也存在较大差别。经费紧张的地区难以满足基础设施建设的需求，而经济发达地区的基础设施资源存在一些闲置的现象。为此，档案部门可以采用云计算的"基础设施即服务"方式，整合档案行业的服务器、存储器等设备，通过"云"平台，向各级档案部门提供基础设施服务，不仅可以避免设施建设重复投入的浪费，也可以减少技术力量较弱档案部门的系统运维开支。

当前，国家档案局正在开展"中国档案云"项目，联合中央档案馆、中国第一历史档案馆、中国第二历史档案馆在内的全国50家副省级以上地方、单位的档案馆，尝试构建包含国家级档案云、省级区域档案云和市（县）级区域档案云的档案行业IT基础设施，助推全国档案信息化事业的发展。

2. 档案信息化的业务平台保障

档案管理应用系统的研发和运维需要档案部门投入大量资金和人力，尚且难以确保应用系统的质量。采用"平台即服务"模式，各级档案部门可以集中使用资金和优秀的人才，研制和推广通用的档案管理软件，既可避免软件重复研制的资金投入，又可通过通用软件的推广，改变过去因重复建设造成数据异构、平台异构、流程异构，档案信息资源难以互联共享的弊端。

3. 档案信息化高效利用保障

如何通过档案的社会化服务增强档案社会利用价值、提高社会的档案意识，是新时期加强和改进档案工作的重要课题。

依托部署在"云端"的档案资源管理体系，公众可便捷地获得数字档案资源，并开展不同专题的档案编研；也可以将家庭档案和个人收藏制作成精美的网络展览推入"云端"供共享；还可以利用"云"端提供的"一站式"检索功能获得跨专业、跨地区的档案信息。

在国家档案局开展的"中国档案云"项目中，已建设了以云计算技术为依托，覆盖全国各级综合档案馆，为社会提供统一查询利用开放档案信息的专业化平台，该门户网站被命名为"中国记忆"。

四、大数据技术在档案信息化中的应用

大数据从出现至今，一直都是全社会关注的焦点，至今仍无公认的定义。对于大数据，可以从资源、技术、应用三个层次理解："大数据是具有体量大、结构多样、时效强等特征的数据；处理大数据须采用新型计算架构和智能算法等新技术；大数据的应用强调以新的理念应用于辅助决策、发现新的知识，更强调在线闭环的业务流程优化。"大数据不仅"大"，而且"新"，是新资源、新工具和新应用的综合体。

（一）大数据技术的基本环节

从数据在信息系统中的生命周期来看，大数据从数据源经过分析挖掘到最终获得价值一般需要经过五个主要环节，包括数据准备、数据存储与管理、计算处理、数据分析和知识展现。对数据准备环节和知识展现环节来说，大数据所带来的变化只体现在量上，而对于数据分析、计算和存储三个环节则有较大影响，需要重构技术架构和算法，而这也将成为当前和未来一段时间内大数据技术创新的焦点。

1. 数据准备环节

大数据数量庞大、格式多样，质量也良莠不齐，因此，在数据准备环节必须对其进行格式的规范化处理，为后续的存储与管理奠定基础。此外，要在尽可能保留原有语义的情况下去粗取精，消除数据噪声。

2. 数据存储与管理环节

当前，全球数据量以 50% 的速度不断增长，数据的海量化和快增长特征是大数据对存储技术提出的首要挑战。谷歌文件系统（GFS）和 Hadoop 分布式文件系统 HDFS（Hadoop Distributed File System）采用分布式架构，弥补了传统存储系统的不足，同时能够达到较高的并发访问能力。

大数据对存储技术提出的另一挑战则是多种数据格式的适应能力。格式多样化是大数据的主要特征之一，因此，大数据存储管理系统必须满足对各种非结构化数据进行高效管理的需求，非关系型数据库（NoSQL，NotonlySQL）应运而生。如谷歌 Big Table 和 Hadoop HBase 等都是典型的非关系型数据库，具有良好的包容性，能够应对非结构化数据多样化的特点。未来，大数据的存储管理技术将进一步把关系型数据库的操作便捷性特点和非关系型数据库灵活性特点结合起来，研发新的融合型存储管理技术。

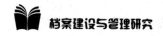

3. 计算处理环节

大数据的计算是数据密集型计算，对计算单元和存储单元间的数据吞吐率要求极高，对性价比和扩展性的要求也非常高，分布式并行计算技术弥补了传统并行计算系统在速度、可扩展性和成本上的不足，适应大数据计算分析的新需求。

4. 数据分析环节

数据分析环节是大数据价值挖掘的关键。目前，大数据分析主要有两条技术路线，其一是凭借先验知识人工建立数学模型分析数据；其二则是通过建立人工智能系统，使用大量样本数据进行训练，让机器代替人工，获得从数据中提取知识的能力。人工智能和机器学习能够更好地适应当前的大数据环境，具有良好的前景。

5. 知识展现环节

在大数据服务于决策支持场景下，以直观的方式将分析结果呈现给用户，是大数据分析的重要环节。如何让分析结果易于理解是主要挑战。但是在嵌入多业务的闭环大数据应用中，一般是由机器根据算法直接应用分析结果而无须人工干预，这种场景下知识展现环节则不是必需的。

（二）大数据对档案信息化的保障

1. 档案数据高效存储

目前，馆藏数字档案量已经从 TB 级别跃升至 PB 级别。与此同时，科技进步衍生出的数据呈现出了分布式和异构性特点，需要归档的数字资源繁多，包含结构化、非结构化和半结构化数据。非结构化数据，如文本、图片、各类表格、图像和音视频等，半结构化数据，如 E-mail、HTML 文档等，都不便于使用关系数据库二维逻辑表来表现。

传统关系型数据库已经无法满足对数量庞大、类型多样的档案资源的组织与管理需求，需要引入大数据管理系统对档案进行分布式存储、快速检索。大数据存储方法有很多种，如 Hadoop、NoSQL，都具有一些共同的特点，即利用硬件的优势，使用可扩展的、并行的处理技术，采用非关系模型存储处理非结构化和半结构化的数据，并对大数据运用高级分析和可视化技术。

2. 档案数据价值挖掘

在档案数字资源中，不同的档案数据蕴含的价值存在差异，有可能导致用户获取价值信息的难度增大。如何从这些资源中提炼、挖掘出有价值的档案信息，并以人们易于接受的方式传递给用户，是目前档案工作者必须解决的问题。

大数据时代带来新的技术，为档案工作者提供解决问题的方式。档案工作者可以采用大数据技术，在海量档案数据中发现关联，从不同角度对其进行聚类和分类，以多维度、多层次的方式展现档案数据，将非结构化数据转换为结构化、半结构化数据，从而使用户更准确、更容易获得档案信息。必要时，还可以通过可视化技术形成图形图像，直观地展示最终结果。从海量数据中分析潜在的知识决定着大数据时代档案工作的发展水平及方向，这也意味着大数据时代档案工作的重心将向档案资源的数据分析、数据挖掘方向转移。

3. 档案数据高效利用

档案工作的目的是提供利用。大数据时代下的档案工作服务讲求时效性和便捷性，基于大数据技术可为实现网络信息服务的智能化、个性化、精品化提供支持工具。依托互联网技术，全方位地实现档案信息智能检索服务、档案信息决策服务及档案信息跟踪与推送服务。利用这些技术手段，彻底颠覆传统档案分类在档案管理中存在的诸多弊端，将档案事业发展推向又一个全新的高度。

（三）大数据技术应用于档案信息化的注意事项

一是大数据技术实现问题。大数据技术相比传统技术更为复杂。不同于传统的档案管理技术，档案大数据管理系统通常是一个由很多节点组成的分布式系统，实现起来较为困难。档案管理工作者需要打破专业限制，寻求与专业的具有相应资质的大数据开发公司合作，将行业的需求和大数据技术结合起来，才能开发出适合档案行业特点的大数据平台。另外，我国纸质档案数字化形成的绝大多数都是文字图像，不便于大数据技术的处理，应当将文字图像通过 OCR 识别，生成文本文件，并尽可能提高识别的准确率，为档案大数据处理创造条件。

二是信息安全问题。档案是不可再生的社会核心信息资源。但有时人为的操作失误、系统技术故障、计算机病毒、黑客攻击、间谍窃取等原因都会造成档案数据的破坏，给机构甚至国家带来巨大损失。因此，在实施大数据技术时，要重点加强信息安全保障体系建设，采取各种安全技术措施，保证档案数据的完整与安全。

三是保密问题。大数据时代下，档案信息主要通过网络进行传输，容易被复制和扩散，导致档案信息资源在开发和利用过程中可能出现信息泄露、隐私权侵犯、知识产权纠纷等隐患。对国防、军事、科技等领域来说，档案涉密层次高，一旦泄密将直接危及国家安全。如何实现涉密档案信息资源的合理利用，既充分发挥涉密档案的价值，又保证涉密档案的安全，是大数据时代档案管理面临的重大挑战。

大数据时代的来临，相比其他信息技术更加契合档案信息化建设工作的需要，尤其是在当前的知识经济时代，将档案信息转化为知识资源，会成为新时期档案工作的必然发展方向。

第四章　档案管理的业务范畴

第一节　档案的收集与整理

一、档案的收集

（一）档案收集的含义理解

档案收集是档案管理过程的首要环节，标志着文件性质的变化和档案自身运动的一个阶段。档案收集工作的质量，直接影响档案的整理、鉴定、保管及统计工作的质量和效率，进而影响档案的社会服务质量和效益。

研究档案收集，有利于促进对入口阶段档案管理的方法变革和理念创新，是其他管理环节研究的条件和基础，并与这些后续研究紧密衔接、有机互动，对档案收集的研究极具实践指导意义，能促进和夯实档案资源的积累，为档案的保管、整理乃至提供利用奠定基础，是档案信息资源开发的前提和必需。

档案收集就是按档案形成的规律，把分散的材料接收、征集、集中起来。按照规定，通过例行的接收制度和专门的征集方法，把分散在各机关、部门、个人手中和散失在社会上的档案，集中到机关档案室和国家档案馆进行科学管理的一项业务环节。档案的收集工作可以分为两大部分：第一，对单位的档案室来说，主要是按期接收归档的文件和进行必要的零散文件的收集；第二，对各级各类档案馆来说，主要是接收档案室移交的档案、接收撤销机关档案和征集历史档案。收集工作是档案部门取得档案的手段，也是它们开展其他业务活动的前提。

（二）档案收集工作的地位

档案收集工作在整个档案管理中处于一种特殊地位，做好此项工作对整个档案管理工作具有重要意义。

第一，档案收集工作是档案馆、档案室取得和积累档案的一种手段，它为档案工作提供了实际的物质对象，是档案业务工作的起点。

第二，档案收集工作是实现档案集中统一管理的重要内容和一项重要的具体措施。

第三，档案收集工作质量的高低，会直接影响到档案业务工作的其他环节的工作质量。

第四，档案收集工作是档案部门与外界各方面发生联系的重要环节之一，这是一项政策性强、接触面广、工作要求较高的工作。

（三）档案收集工作的内容及形式

1. 档案收集工作的内容

档案收集工作的内容主要有以下三方面：

第一，机关、企业、事业单位档案室对本单位需要归档档案的接收。

第二，档案馆对所辖区域内现行机关、企业、事业单位和撤销单位的具有永久、长期保存价值档案的接收。

第三，对中华人民共和国成立以前各个历史时期形成的档案的接收和征集。档案收集工作不是一项简单的事务性工作，而是一项政策性、业务性很强的工作。一方面，档案收集工作具有明显的选择性。文件转化为档案是有条件的，在档案收集工作中必须严格把握这些文件，在归档和接收过程中认真筛选。档案选择是按照档案部门收藏范围的设计合理并全面进行的。另一方面，档案收集工作受档案形成者档案意识水平、价值观，以及档案部门保管条件等多种因素的制约，需要综合研究、统筹规划，提高档案收集工作的质量。

2. 档案收集的基本形式

档案收集的手段主要有接收、征集和寄存三种形式。

按照法定的原则、程序和规定的制度移交和接收档案，是档案馆和档案室补充档案资源的最基本形式。其基本内容包括两方面：一是各级国家机关和各种社会组织的档案室，按照规定接收本机关业务部门和文书处理部门办理完毕移交归档的文件；二是各级各类档案馆依据国家法律和有关规定接收现行机关和撤销机关的档案。

接收的范围和要求如下：第一，档案室接收本机关工作活动中形成的具有保存价值的各种门类和载体的档案，包括科学技术档案、会计档案等各种专门档案，录音带、录像带、照片等各种特殊载体的档案。第二，各级档案馆接收本级各机关、团体及所属单位具有长远保存价值的档案，以及与档案有关的资料。各个国家对于档案馆保管接收档案的范围不尽相同，有些国家的档案馆只接收具有永久保存价值的档案，有的也接收定期保管的档案。中国省以上档案馆接收具有永久保存价值的、在立档单位保管已满20年左右的档案，省辖市（州）和县级档案馆接收永久和长期保管的、在立档单位保管已满10年左右的档案。第三，档案室和档案馆正常接收的档案，要求齐全并按规定整理好，进馆档案应遵循全宗和全宗群不可分散的原则，保持原有全宗的完整性及相关全宗的联系性。

征集流散在各机关、各部门、个人与国外的有价值的各种历史档案和相关资料是档案馆收集工作中必不可少的补充手段，分为非强制性和强制性两种。一般采取在协商的基础上，通过复制、交换、捐赠、有偿转让等方式，将档案集中到档案馆；在特殊情况下，集体和个人所有的对国家和社会具有保存价值的或须保密的档案，当其保管条件恶劣或者出于其他原因被认为可能导致档案严重毁坏和不安全时，国家可将其收购或征购入馆，也可代为保管。

寄存一般是通过协议的形式将档案存放到档案馆。寄存档案的单位或个人不失其所有权，并享有优先使用权以及是否准许其他人利用的决定权。已保存在博物馆、图书馆、纪念馆等单位的，同时也是档案的文物或图书资料等，一般由其自行管理。

二、档案的整理

（一）档案整理的含义理解

档案的整理工作，就是将处于凌乱状态的和需要进一步条理化的档案有序化的过程。在档案管理活动诸环节中，收集是起点，利用是目的，而整理则是承上启下的关键。科学系统的档案整理不仅有助于档案的鉴定，是妥善保管的前提，为档案统计工作打好基础，是档案提供利用的必要条件，还能在一定程度上促进档案的收集工作。

档案整理研究是档案管理理论的核心，有利于优化档案整理工作，加强文件档案之间的联系，充分体现档案的性质和特点，进而激活和发掘档案的利用价值，促进档案信息资源的开发，提高档案整理的科学化和标准化水平。在直接影响着整理实践的同时，档案整理的研究对档案管理其他环节理论和技术的发展也有着不可忽视的作用，能促进对档案管理全过程研究的良性发展和总体优化。

档案整理研究主要包括档案整理理念、内容与方法等方面，具体如档案整理工作的原则和意义研究，全宗的界定和应用研究，立卷、分类、组合、排列、编目的程序和方法研究等。

（二）档案整理工作的主要内容

档案整理工作包括区分全宗、全宗内档案的分类、立卷（组卷、卷内文件的排列和编号、填写卷内目录和备考表、拟写案卷标题、填写案卷封面）、案卷排列和编号、编制案卷目录等业务环节。

按照我国文书工作和档案工作的管理体制与分工，档案整理工作是分阶段进行的。其中，全宗内档案的分类、立卷、案卷排列和编制案卷目录等业务环节，一般由文书部门或文书人员承担，即文书立卷；归档案卷的统一编号和排列由档案室承担；全宗的划分和排列多由档案馆承担。在某些特殊情况下，如当档案室（馆）接收到整理质量不佳或基本未经整理的零散档案时，就需要对档案进行局部的或全部程序的整理。

第一，系统排列和编制案卷目录。这种情况是指档案室对接收的已经立卷归档的案卷，按照本单位档案的分类和排列规则，进行统一的分类、排列和编号，使新接收的案卷同已入库保存的档案构成一个整体。

第二，局部调整。这种情况是指对已经接收进档案部门的部分质量不合格的案卷所做的局部改动和调整工作。

第三，全过程整理。这种情况是指档案部门对于接收到的零散文件所进行的从区分全宗到编制案卷目录的全部整理工作。

（三）档案整理工作的基本原则

1. 保持文件之间的历史联系

保持文件之间的历史联系，是档案整理工作的根本性原则。文件之间的历史联系是文件在产生和处理过程中所形成的内部相互关系，也被称为文件的"内在联系""有机联系"。在档案整理工作中保持文件之间的历史联系，其目的在于使档案能够客观地反映形成者的历史面貌。文件之间的历史联系主要表现为以下四方面：

（1）文件在来源上的联系。文件的来源一般是指形成档案的社会主体（组织和个人）。同属于一个形成者或同类型的文件在来源上有着密切的联系。因为不同来源的文件反映不同形成者历史活动的面貌，所以整理档案时必须首先保持文件在来源上的联系，也就是说，档案不能脱离其形成单位，同时，不同来源的档案也不能混淆在一起。

（2）文件在内容上的联系。文件的内容一般是指其所涉及的具体事务或问题，同一个事务、同一项活动、同一个问题所形成的文件之间必然具有密切的联系。整理档案时，保持文件之间在内容上的联系，有利于完整地反映其形成者各种活动的来龙去脉和基本情况，也便于查找利用。

（3）文件在时间上的联系。文件的时间一般是指其形成的时间。整理档案时，保持文件之间在时间上的联系，有利于体现其形成者活动的阶段性、连续性和完整性。

（4）文件在形式上的联系。文件的形式一般是指其载体、文种、表达方式，以及特定的标记等因素。不同形式的文件往往具有不同的作用、特点和管理要求。整理档案时，保持文件在形式上的联系，有利于揭示文件的特殊价值，便于档案的保管和利用。

2. 尊重和利用原有的整理成果

尊重和利用原有的整理成果是指后继的档案管理者要善于分析、理解和继承前人对档案的整理成果，不要轻易地予以否定或抛弃。在整理档案时，充分尊重和利用原有的整理成果应该做到：第一，在原有整理成果基本可用的情况下要维持档案原有的秩序状态；第二，如果某些局部整理结果明显不合理，可以在原来的整理框架内进行局部调整；第三，

如果原有的整理基础的确很差，无法实行有效管理，可以进行重新整理。但是，重新整理时应该尽可能保留或利用原有基础上的可取之处。

3. 便于保管和利用

整理档案时，一般情况下，保持文件之间的历史联系与便于保管和利用之间是一致的。但是在某些特殊的情况下，二者之间可能会发生一定的矛盾。例如，产生于同一个会议的档案，有纸质文件、照片、录像材料，甚至还有电子文件等，它们的保管要求各不相同，在整理时就需要综合考虑各种因素，在保持文件之间历史联系的前提下，采取分别整理的方法，以利于档案的保管和利用。

第二节　档案的鉴定与统计

一、档案的鉴定

（一）档案鉴定的定义理解

档案鉴定就是鉴别和判定档案的价值，挑选出有价值的档案交给档案机构保存，剔除无保存价值的档案进行销毁。它直接决定着档案的存毁，是档案管理工作中最重要也是难度最大的一项工作。档案鉴定意义重大，通过鉴定工作，去其糟粕，留其精华，把档案分清主次，对珍贵档案予以重点保护，一是便于实现档案的安全保管；二是便于查找利用，使档案发挥其应有的作用；三是便于应对突发事变，不至于"玉石俱焚"；四是有利于充分利用档案库房和保管条件。

档案鉴定理论的研究，有利于指导档案分层次、分类别进行管理，使档案管理其他环节有高低主次和轻重缓急的区别，有利于保障档案资源的完整、安全和质量，有利于调动档案工作者的能动性和积极性。同时，虽然鉴定被单独列为一个档案工作环节，但是它贯穿档案管理活动的全过程，在收集、整理、保管、检索、利用、编研等诸环节中都充分考虑档案的价值与保管期限，因而鉴定理论研究在整个内容维度的档案管理理论研究上都有着举足轻重的作用。

档案鉴定研究的内容，具体包括档案鉴定意义和地位的认识、鉴定原则和机制探讨、鉴定标准和方法探索，以及保管期限表和鉴定组织等方面的研究。

（二）档案鉴定的主要内容

档案鉴定应包括档案保管期限鉴定、档案准确性鉴定、档案完整性鉴定、档案珍贵程度鉴定等方面。鉴于鉴定工作是在档案管理不同阶段依次分别展开的，因而可将档案鉴定划分为前期鉴定和后期鉴定。

1. 前期鉴定

所谓前期鉴定，是指对文件材料保存价值的鉴定和对归档文件材料的准确性、完整性鉴定。因其是在文件材料立卷归档阶段完成的，处于档案文件运行前期，所以可将它们统称为前期鉴定，亦可称为归档鉴定。前期鉴定，一般无须成立专门的鉴定组织，是在工作中顺序完成的，只需严格管理制度、明确管理责任，由责任人如立卷人、案卷审核人、归档接收人等分工负责，共同把关，协作完成。它主要包括以下内容：

（1）保存价值鉴定。保存价值鉴定是指文件材料有没有保存价值、保存价值大小的鉴别，并依此确定文件材料归不归档、保管期限的长短。

（2）准确性鉴定。保存价值鉴定是指对归档文件材料的各种标志的准确性及其所承载的信息的准确性进行甄别评定。前期鉴定中的准确性鉴定，主要是针对工作中因工作疏忽将归档文件材料的某些标志如责任者、时间、签章、竣工章等遗漏丢失，正文与底稿不相符，正本与副本不相符，基建图物不符，设备图物不符等诸多情况的检查。在文件材料归档时，由责任人进一步核实鉴别，并在案卷备考表中案卷检查人栏签字或以其他形式确认归档文件的准确性。

（3）完整性鉴定。归档时，责任人对围绕某个事件、某项工程、某个设备、某项任务所产生和使用的文件材料的完整性，每一份文件材料页数、图幅及底稿的完整性进行鉴别并签字确认，以确保归档文件材料的完整性。

2. 后期鉴定

所谓后期鉴定，是指专门的鉴定委员会对档案进行鉴定。后期鉴定是档案馆（室）的重要业务环节，需要建立专门的、具有权威性的鉴定委员会，按特定的程序进行。其工作内容应包括档案评价、珍贵程度鉴定和保管期限鉴定等。

（1）档案珍稀程度鉴定。参考文物鉴定，制定国家珍贵档案鉴定标准和方法。可将国家档案根据其历史、科学、艺术等方面的价值，结合珍稀程度、成套性、完整性分为珍贵档案和一般档案。再将珍贵档案区别为国家一级、国家二级、国家三级并建立国家珍贵档案数据库，提请国家财政列支专项保护经费，实施特别保护；并同司法机关、海关联网与文化行政部门联手，与文物、博物、图书等文化单位交流协作，加强监管，集中有限的人力、财力，抢救和保管好国家珍贵档案，切实管理好党和国家珍贵的历史财富。

（2）到期档案的鉴定。由各档案保管部门根据自己的馆藏特色和馆藏情况，成立鉴定委员会制定鉴定原则标准和运行程序，有计划地对到期档案进行鉴定，确定存毁。这项工作应坚持不断地开展，真正将有价值的档案保存好，将失去保存价值的档案销毁掉，避免因档案馆（室）藏良莠不分而形成的管理浪费，提高管理效率。档案鉴定工程巨大，只有在对档案鉴定有充分认识的基础上，统筹规划，科学安排，才能取得事半功倍的效果。

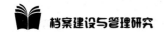

（三）档案价值鉴定的一般标准

档案鉴定标准可分为两大类，即理论性标准和技术性标准。

1. 理论性标准

理论性标准是档案价值鉴定的基本标准和理论依据，综观中外档案学界长期以来形成的理论研究成果，档案鉴定的理论性标准主要包括：①德国档案学家迈斯奈尔提出的年龄鉴定标准和来源鉴定标准；②波兰档案学家卡林斯基提出的"职能鉴定论"；③美国档案学家谢伦伯格提出的文件双重价值鉴定标准；④宏观职能鉴定标准；⑤效益标准；⑥相对价值标准。

2. 技术性标准

技术性标准是档案鉴定实践中用以参照的具体标准，主要有文件材料的归档和不归档范围、档案保管期限表、档案鉴定工作制度等。

我国目前的档案保管期限表可分为通用档案保管期限表、专门档案保管期限表、同系统机关档案保管期限表、同类型档案保管期限表和机关档案保管期限表五种类型。它们是各机关、档案馆鉴定档案价值、确定档案保管期限的依据和标准，以此作为参考，文书立卷人员能较容易地区分文件的不同保存价值，初步确定其保管期限，为以后档案馆鉴定档案的价值打下基础。至于档案鉴定工作制度，则包括制发鉴定档案的标准文件、档案鉴定工作的组织领导和销毁档案的标准与监销制度等几方面的内容。一种健全的档案鉴定工作制度，可以有效保证档案鉴定工作的质量和防止有意破坏档案，使档案的鉴定和销毁工作有组织、有监督地进行。事实证明，这些技术性标准在文书档案人员的具体鉴定工作中起到了有利作用。

二、档案的统计

（一）档案统计的含义理解

档案统计是以表册、数字的形式揭示档案和档案工作情况的活动。档案统计工作按过程可分为档案统计调查、整理和分析；按对象来划分，包括对档案实体及其管理状况的统计和对档案事业的组织与管理情况的统计。档案统计工作是档案事业的一项基础工作，是对档案管理开展的重要依据，也是有力的监督手段。同时，在科学研究日益注重定量分析的今天，档案统计还是档案管理理论研究的重要措施和基础。因而档案统计工作要求做到准确、系统、及时和科学。

研究档案统计，有利于改进和完善档案统计工作的程序、内容和方式，具有实践指导意义，对档案学理论建设也具有重要价值：一方面为档案学开辟了新的研究视角和空间，另一方面也为档案管理理论研究提供可资借用的方法和手段（主要是定量的方法）。

档案统计研究主要探讨档案统计的原理与方法。具体包括档案统计的意义、任务和要求研究，档案统计调查方案和组织研究，档案统计指标体系研究，统计资料整理的原则与方法研究，档案统计分析方法及运算公式，统计成果的提供利用研究，等等。

（二）档案统计工作的内容及意义

1. 档案统计工作的内容层次

目前，我国档案统计工作分为以下四个层次的内容：①全国档案工作基本情况统计。该项统计由国家档案局组织，国家统计局指导监督，已经纳入国民经济和社会发展统计指标体系之中。②专业系统档案工作基本情况统计，由国家专业主管机关组织。③地方档案工作基本情况统计，由地方档案行政管理机关组织。④档案馆（室）档案工作情况统计，由各档案馆（室）自行组织进行。

上述四个层次中，前三个层次属于宏观层面的档案事业状况统计，是对各级各类档案部门的机构设置、人员、设备、库房、财务、馆藏规模及管理水平等情况的统计。这类统计反映了全国、各地区、各个专业系统档案事业的发展水平。第四个层次是对某一档案机构内部进行的微观层面的统计，主要针对档案管理活动各个方面进行统计，主要包括馆藏量统计、档案构成状况统计、档案利用状况统计、档案用户统计等。这类统计具体反映了档案管理活动的基本情况及档案工作的发展规律。本书主要论述这一层次的档案统计工作。

2. 档案统计工作的意义体现

第一，档案统计工作以表册、数字等形式，揭示档案和档案工作有关情况及发展规律，实行定量管理与定性管理相结合，使档案管理计量化、精确化，对于提高档案管理水平有重要的作用。

第二，档案统计可以准确反映各级档案部门工作的真实状况，便于更好地了解和掌握档案事业规模和档案工作水平，从而对各级档案部门的工作进行分类指导、监督和检查。

第三，档案统计能系统反映档案的数量、增长速度、馆藏档案的状况、档案利用频率等发展趋势，以及人力财力的需求量，可以为制定档案工作方针、政策、档案事业发展规划以及档案的科学管理提供依据。

（三）档案统计的基本步骤

档案统计步骤依次包括统计调查、统计整理和统计分析。

1. 统计调查

统计调查的目的在于获取大量的原始材料，其基本形式有统计报表和专门调查两种。

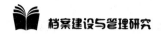

（1）统计报表。统计报表是下级档案管理机关和档案馆（室）按照统一的规定向上级机关以表的形式定期报送的文件，是档案统计中最基本、最常用的一种形式，也是档案统计工作的一项制度。

（2）专门调查。专门调查是根据一定的目的和要求临时组织起来的调查，是统计报表的一种补充形式。

2. 统计整理

统计调查获得的资料是分散的、大量的、原始的，为了使这些资料系统反映档案工作情况，必须对它们进行整理，其结果是形成了各种统计表。

3. 统计分析

统计分析是对整理出的资料进行分析研究，从中发现和总结具有典型性的经验教训，掌握不同时期档案工作的发展水平，以便进一步提高档案管理水平。

（四）档案统计的一般要求

档案统计作为获取反馈信息的手段，要求统计对象恰当，统计数据准确、全面、系统，统计方法和统计指标科学、合理。

第一，统计对象恰当。档案统计的对象应选择能够确实反映档案工作情况的基本方面和关键因素，如馆藏档案数量和质量、档案建筑与设备、档案工作机构的数量和状态、档案人员的年龄和学历、档案事业经费、档案利用情况等。

第二，统计数据准确、全面、系统。统计数据的准确性是档案统计的基本要求，必须实事求是，获得准确的统计数据。统计资料必须系统、全面，切忌零碎不全。只有从系统的统计资料中，才能总结出档案工作的规律性。

第三，统计方法和统计指标科学、合理。应用科学的统计方法收集、整理、分析数据和资料，制定规范化的统计报表，规定统一的格式和标准，明确统计的范围、内容和要求，合理设计统计指标体系。

（五）档案统计指标分析

档案统计指标是反映档案及档案工作现象的数量特征，如全宗数、利用人次、检索效率等。

1. 档案统计指标的不同种类

根据档案管理和研究目的的不同，档案统计指标分成不同的种类。

（1）按统计指标的内容，分为管理状况指标和利用指标。档案管理状况指标包括馆藏量、全宗数、档案整理状况、档案鉴定情况、档案流动情况（档案收进、移出数量）等，利用指标包括利用人次、利用案卷数、利用率、检全率、检准率等。

（2）按统计指标的性质，分为数量指标和质量指标。数量指标是反映档案、档案工作规模及总体数量多少的统计指标，具有实体计量单位，如档案人员数、保存档案数、库房面积等；质量指标是反映档案工作现象相对水平或质量的统计指标，如保存和销毁案卷的比例、年利用率、检索效率等。

（3）按统计指标的表现形式，分为总量指标、相对指标、平均指标。总量指标是反映档案及档案工作总体现象规模的统计指标，以绝对数的形式表现，如案卷数、库房面积等，反映全国或某一地区、某一部门在一定时期内档案工作的规模或水平；相对指标是两个有联系的总量指标相比较的结果，用相对数（百分比）来表示，如电子文件在馆藏中的比例，档案利用率等；平均指标是按某个数量标志说明总体单位的平均水平，如平均复制量、年平均整理案卷数量等。

2. 档案统计指标体系及其设计要求

各种统计指标不是孤立的，而是互有联系的，如总量指标常与数量指标相一致，质量指标常用相对数、平均数表示。利用统计指标中相对指标、平均指标用得较多，而总量指标又是计算相对指标和平均指标的前提和基础。若干个互有联系的统计指标相结合就构成了档案统计指标体系。用一系列反映档案工作相互联系的统计指标体系来揭示档案管理的整体运动状况，才能比较真实、全面地反映档案工作实际情况，使统计资料更为确切可靠。

档案统计指标的设计要求如下：

第一，要反映我国档案事业的发展现状和特点，适应我国档案管理的原则，统计内容要尽可能全面反映我国档案工作状况。

第二，要符合档案工作本身的性质、特点和运动规律。

第三，要考虑到管理的要求或研究的目的，使统计指标体系具有实用性。

第四，从整体和全局考虑各个档案统计指标之间的联系，形成一套多层次、多系统的统计指标群，以便全面描述档案工作现象和过程的各个方面。

第五，统计指标的选择要注意统一性和稳定性，注意计量单位和计算方法的科学与统一。

第三节 档案的检索与编研

一、档案的检索

（一）档案检索的含义理解

档案检索就是把档案内容和形式特征的各种线索存贮于各种检索工具之中，并根据某一（或几种）特征，在特定集合中识别、选择与获取相关档案数据或文献的过程。档案检索工作的内容，一方面要对档案的内容和形式进行分析、选择和记录，并按照一定原理编排出各种检索工具；另一方面是根据需要，通过检索工具，帮助利用者了解和查找所需要的档案信息。档案检索是提供档案利用服务的先期工作，是有效提高档案管理水平的重要手段。

档案检索研究有利于优化档案检索的方式方法，推动档案检索工具和技术的改进，促进档案资源的利用和共享，提高档案管理和服务水平，进而提升档案工作乃至档案学科的影响力。

档案检索研究的主要内容有档案检索原理与技术研究，具体包括档案检索的内容和意义研究，档案检索工具的职能、种类、编制原则与方法研究，档案检索的途径与形式研究，档案检索语言研究，档案的著录与标引研究，等等。

（二）档案检索工作的内容

档案检索包括广义和狭义两种含义。广义的档案检索包括档案信息存贮和档案查检两个具体的过程。狭义的档案检索只限于查找所需档案的过程。作为档案工作人员，需要掌握广义的档案检索工作的内容和方法，学会编制档案检索工具、建立检索体系，并且能够熟练地利用检索工具查找档案，以获得开启档案宝库的钥匙。

1. 档案信息存贮

档案信息存贮是指将档案原件中具有检索意义特征的信息，如文件作者、题名、时间、主题词等，记录在一定的载体上，进行分类或主题标志，编制成档案检索工具，建立档案检索体系的过程。它包括如下几个环节：

（1）档案的著录和标引。著录和标引是对档案的内容和形式特征进行分析、选择和记录并赋予规范化的检索标志的过程。著录和标引的结果就是制作出反映档案内容、形式、分类和存址的可以用来检索的条目。

（2）组织档案检索工具。这项工作是指按照一定的规则，对著录和标引所产生的大量条目进行系统排列，使之形成某种类型的检索工具，并根据需要进行检索工具的匹配，组成手工的或计算机检索系统。

2. 档案查检

档案查检是指利用检索工具和检索系统查找所需档案的过程，主要包括如下几个环节：

（1）确定查找内容。确定查找内容是指对利用者的检索要求进行分析，确定利用者所需档案的主题形成查寻概念，并将这些概念借助检索语言转换为规范化的检索标志。从确定利用主题到形成检索表达式的过程，也称为制定检索策略。

（2）查找。查找就是档案人员利用者通过各种手段把表示利用需求的检索标志或检索表达式与存储在手工检索工具或计算机数据库中的标志进行相符性比对，将符合利用要求的条目查找出来。在手工检索中，相符性比对由人工进行；在机检过程中，则由计算机担负两者间的匹配工作。

二、档案的编研

（一）档案编研的含义理解

档案编研工作是档案馆（室）研究、加工、输出档案信息，主动地向社会各方面的广大利用者提供科学、系统的档案信息服务的一项专门工作。档案编研是以馆（室）藏档案为主要对象，以满足社会需要为主要目的，在研究档案内容的基础上，对档案信息进行深层次开发的过程。编研工作是积极提供服务与利用的有效方式，是提高档案工作水平的重要途径，有利于档案原件的保管，有利于档案内容和信息的流传，也有利于扩大档案机构、人员的影响。

对档案编研进行研究具有重要意义，一方面能丰富档案管理理论研究的内容、完善档案学科体系；另一方面有助于发掘、创新和交流编研的技能和方法，进而有效提升档案工作和档案学科的地位。

档案编研的主要研究内容是档案编研的理论与技术，具体如档案编研思想的起源与发展研究，档案编研的意义与内容研究，档案编研的类型与形式研究，大事记、组织机构沿革、基础数字汇集、会议简介、年鉴等的编纂和编写方法研究。

（二）档案编研工作的重要意义

档案编研工作对整个档案工作的重要意义主要有以下三方面：

第一，有利于更好地为社会提供档案利用。档案编研工作中除了专门的历史研究和编史修志外，基本上属于档案提供利用工作的范畴。档案编研工作是主动地、系统地、广泛地提供档案利用的一个有效方式。档案工作人员把具有研究价值和实用价值的档案信息编辑、加工后，推荐、分发给有关人员使用或公开出版，是一种主动服务方式；将特定题目的档案文件或档案信息集中、系统化，可以节省利用者查找档案的时间和精力。作为档案信息转化形式，档案编研成果便于传播，使馆外利用、异地利用成为可能，有利于更加广泛地发挥档案的作用。

第二，有利于提高档案馆（室）的工作水平。档案馆（室）搞好档案的收集、整理等基础工作是开展编研工作的前提，而在档案编研过程中，由于大量调阅档案，又可对档案馆（室）的基础工作起到全面检验的作用。档案编研工作要求档案工作人员具有较高的知识水平，可促进档案干部队伍素质的提高；档案编研工作向社会各界和本机关提供了系统的档案信息服务，有助于扩大档案工作的影响，赢得社会各方面对档案工作的重视和支持。

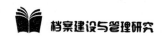

第三，有利于保护档案原件和流传档案史料。开展档案馆（室）的编研工作，编写参考资料和汇编档案史料，可以因此避免这些资料和史料遭到损坏和流失，有利于档案原件的世代相传。将档案文件汇编出版，相当于为有关档案制作了大量副本，分存于各处。即使原件遭到损毁，档案的内容也可以长久流传，这是我国自古以来档案工作的一条历史经验。

（三）档案编研的主要内容

1.编辑档案史料现行文件汇编

编辑档案史料和现行文件汇编也称为"档案文献编纂"，它是指按照一定的作者专题、时间或文种等将相关的档案文件选编成册，在一定的范围内使用或出版发行。

编辑档案史料和现行文件汇编的工作方法，是将档案原文从原件中提取出来，按照专题集中汇编成书。它使档案信息脱离了原来的载体，与内容相关的档案信息共同组成新的文献形式（如果出版发行，则转化为书），它属于一次文献。档案史料和现行文件汇编的名称根据其内容、材料的成分以及详略程度不同，分别采用汇编、丛编、丛刊、辑录选编、选集等名称。

档案文献汇编主要有三个特点：第一，原始性。汇编所选录的都是档案原件，并且一般不做文字改动。第二，系统性。档案文献汇编都按照专题组成，所选择的档案文件不仅在内容上相互联系，而且通过编排设计已构成一个有机的体系，清晰、客观地揭示事物发展变化的规律。第三，易读性。在编辑档案史料和现行文件汇编的过程中，编研人员需要对档案文件上的段落、标点、错别字和残缺文字进行校正和恢复，对文件上的批语、标记、格式进行处理，对文件中的一些人物、事件、时间和典故进行注释，还要为档案文献汇编编写按语、序言、凡例、目录、索引、备考等以便利用者阅读和理解。

2.编辑档案文摘汇编

档案文摘汇编是档案室（馆）根据一定的专题对档案原文摘要进行汇总编辑形成的编研成果。档案文摘是对档案原文的缩写，它以简练的文字概要地揭示档案文件的主要内容，是一种档案的二次文献形式。档案文摘有时可以作为一种检索工具编制和使用。例如，档案著录项目中的"提要项"就是档案文摘的一种形式。档案文摘汇编是由具有共同专题的档案文摘组成的，它也可以公布、发行。与档案文献汇编相比，档案文摘在编辑方法和报道功能上比较灵活、简便和及时。

3.编写档案参考资料

档案参考资料是档案室（馆）按照一定的题目，根据档案内容加工编写的一种书面材料，如大事记、组织沿革、专题概要、会议简介等。档案参考资料的编写依据是档案原件，但其表现形式已经改变了档案原文的面貌，属于三次文献。档案参考资料的主要功能是向利用者提供一定专题或史实的参考素材，具有介绍、报道档案内容和提供查找线索的作用。

（四）档案编研工作的具体要求

编研工作是一项严肃认真的工作，需要有高度的政治责任心和实事求是的科学态度。无论是公开出版的档案史料汇编，还是内部发行的档案参考资料，都应观点正确，内容丰富，符合历史本来面目，经得起历史检验，有较高的利用价值和学术价值。其具体要求如下：

第一，政治上的正确性。古往今来，档案编研工作总是带有一定的政治倾向。档案编研不是对档案原件的简单照录，它必须反映编研人员的观点和认识，具有明显的思想性。档案编研成果不同于一般的出版物，它是以档案为基础编辑或编写的，带有一定的权威性，利用者往往会作为依据性材料加以使用。这就要求编研人员要将辩证唯物主义和历史唯物主义的思想方法贯穿在选题、选材乃至加工、编写的每一个环节中，使编研成果反映历史的真实面貌。

第二，史料上的真实性。编研过程中选用的档案史料必须能正确地、客观地反映历史事实，这是检验编研成果质量和其能否经得起历史考验的关键所在。如果对内容不真实的档案材料不加考证地盲目使用，必然是以讹传讹，所造成的后果将不堪设想。因此，档案编研工作必须对档案材料进行一番核实考证，做一番去伪存真的分析研究，选用真实可靠的材料，切勿以讹传讹。

第三，内容上的充实性。编研成果能否受到社会欢迎和重视，主要取决于它是否有丰富充实的内容。如果一个编研成果内容丰富、材料充实，能完整地反映有关事物的发生、发展、变化和终结的全部过程，利用者使用起来得心应手，也就必然会受到欢迎。反之，如果材料支离破碎或不能反映事物的全貌，利用者就会感到不满足，编研工作也就没有达到预期目的。要使编研成果内容充实，就需要将与题目有关的档案材料收集齐全，尽量选用其中能反映一个事物发生、发展、变化、终结全过程的完整材料。

第四，体例上的系统性。体例上的系统，是指将档案材料按其内在联系组成一个有机整体。在内容上条理系统，上下联系，合乎逻辑，在编排上科学划分章节，结构严谨，自成体系。

第四节　档案的保管与利用

一、档案的保管

（一）档案保管的含义理解

档案保管，广义的理解泛指为延长档案寿命、为便于档案管理而采取一切措施和手段，

狭义上则特指对档案在动态和静态环境中的一般安全防护和日常的库房管理。档案保管旨在维护档案的完整性、安全性、系统性。档案保管为档案管理活动的进行提供了物质对象和基本前提，档案保管质量的高下，直接影响着档案管理的水平，在一定的条件下甚至具有决定性作用。

研究档案保管具有理论和实践双重意义。在理论上，有助于发现和掌握档案保管活动的客观规律，加强与其他环节研究的互动和联系，有利于提高档案保管与保护的科学水平，完善档案学理论和科学体系，丰富档案学的研究内容；在实践上，能指导和提升档案保管工作的水平和效率，科学贮藏档案资源，方便档案信息的利用，有利于防止和消除档案损毁的隐患因素，有效延长档案寿命，保存社会历史财富。

档案保管研究的内容，主要有档案保管的意义和任务研究、档案流动过程中的安全防护研究、档案储存中的保护技术研究。

（二）档案保管工作的任务分析

第一，建立和维护档案的存放秩序。为了使档案入库、移出、存放井然有序，能够迅速地查找档案，并随时掌握档案实体的状况，档案室（馆）要根据档案的来源、载体等特点建立一套档案入库存放的规则和管理办法，使档案不管是在存放位置上还是被调阅移动都能够处于一种受控的状态。

第二，保持和维护档案实体良好的理化状态。档案实体是以物质的形态存在和运动的，而各种环境因素，如温度、湿度、光线、有害气体、灰尘、生物及微生物等会对档案的载体、字迹材料等造成不良影响，不利于档案的长久保存。为此，在档案的保管工作中，就需要了解和掌握不利于档案长久保存的各种因素及规律，采取有效措施，最大限度地消除和降低它们对档案的损坏，使档案实体保持良好的理化状态，以延长档案的寿命。

（三）档案保管工作的一般要求

第一，注重日常管理工作。为了保持档案库房管理的稳定、有序，我们应注重建立健全管理规则和制度，加强日常管理。在库房管理中要做到归档和接收的案卷及时入库，调阅完毕的案卷及时复位，定期进行案卷的清点和检查，发现问题及时处理。只要持之以恒地坚持严格的日常管理，就能保证库房内档案的良好状态。

第二，预防为主，防治结合。在档案保管工作中，保护档案实体安全的方法概括起来主要有两类：一是如何预防档案实体损坏的方法；二是当环境不适宜档案保管要求时或当档案实体受到损坏后如何处置的方法。在归档或接收的档案中，实体处于"健康"状态的档案占绝大多数。因此，在档案保管工作中，积极预防档案受到各种不良因素的破坏是主动治本的方法。我们应该采取各种措施确保这些档案的长期安全，同时，还应该通过加强日常管理和检查，及时发现档案实体出现的"病变"情况，以便迅速采取各种治理措施，阻断或消除破坏档案的有害因素，修复被损害的档案，使其"恢复健康"。预防为主，防治结合，才能全面保证档案实体的安全。

第三，重点与一般兼顾。档案的价值不同，保管期限长短不一，所以在管理过程中，我们应该掌握突出重点、兼顾一般的原则。对于单位的核心档案、重要立档单位的档案、需要长久保存的档案，应该加以重点保护，尽量延长档案的寿命；同时，对于一般性，短期保存的档案也要提供符合要求的保管条件，确保其在保管期限内的安全和便于利用。

二、档案的利用

（一）档案利用的含义理解

档案利用工作，是档案馆（室）通过各种方式向利用者提供档案、介绍档案情况、发挥档案作用为社会服务的工作。档案利用，可以体现档案工作的根本目的，在整个档案管理活动中占主导地位，既有赖于收集、整理等基础工作的健全，又是对这些环节管理活动成效的检验，利用工作是档案工作变被动为主动的关键，是宣传档案工作、提高档案工作信誉的重要工具。而对用户和社会大众而言，档案利用是满足其多样需求的基本途径。

研究档案利用，一方面有利于更好地指导档案服务和提供利用工作，有利于档案价值的实现，能促进和推动档案管理其他环节的工作开展，进而提高档案工作的效率和效益；另一方面，能扩大档案管理理论研究的广度和深度，改善档案管理理论研究的思路和方法，是提升档案管理理论研究地位和影响的有力手段。档案利用研究的内容主要包括档案利用与服务理念研究，提供利用的方式研究，档案用户研究、评价指标和体系研究等。

（二）档案提供利用的主要方法

1. 阅览服务

档案阅览服务，是指档案馆（室）设立专门阅览场所为利用者提供档案服务的一种基本方式。阅览室的设置应该以宽敞、明亮、舒适、安静、安全为基本要求，一般应配有必要的利用设施和相应的参考工具。阅览室还必须制定阅览制度，作为利用者共同遵守的行为规范。

2. 档案外借

档案外借服务，是指档案馆（室）按照一定制度和手续，暂时将档案借出馆（室）外使用的一种服务方式。这是一种需要严格控制的档案借阅形式。

对外借的档案必须制定与执行严格的规章制度。首先，要履行一定的审批手续，进行必要的登记签字；其次，要控制借阅的期限和数量，严格催还和续借制度，避免因外借时间过长致使档案损毁；最后，对归还的档案应完善归还注销、清点检查制度，确保外借档案安全、完整地收回。

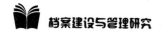

3. 制发复制本

制发档案复制本，是指档案馆（室）根据档案用户的合理需要，以档案原件为依据，通过复制、摘录等手段，向档案用户提供档案复制品的一种服务方式。所谓副本，是指能反映档案原件的所有组成部分，摘录则是指只选取原件的某部分内容。复制方法主要有复印、手抄、打字、印刷以及摄影等。

在制发档案复制品时，对复制珍贵及易损档案应严格控制，复制应履行一定的审批手续，对制发范围和审批权限等应做出明确规定。为确保档案复制本的真实性，应在档案文件空白处或背面注明档案保管单位名称、档案原件编号，必要时，还要加盖公章以示负责。

4. 档案证明

档案证明是指档案馆（室）根据机关、团体、企事业单位或个人的申请，为证实某一事实在馆（室）藏档案内有无记载以及如何记载而出具的书面证明材料。

制发档案证明是一项政治性、政策性很强的工作，要求较高。首先，档案部门要认真地审查利用者的申请书或介绍信，明确利用目的、用途以及所要证明的内容范围。其次，出具档案证明必须坚持实事求是的原则，应根据可靠的档案原件或副本、抄本进行准确、明了的编写，经认真校核并确认无误后，加盖公章方能生效。在档案证明上还应注明有关材料的出处及编写方法。最后，制发档案证明的编写方法，要以引述和节录档案原文为主。档案馆（室）不同于国家公证机关，它所制发的档案证明仅仅是向有关利用者证明某种事实在馆藏中有无记载及其记载情况，必须保证表述准确、真实、客观，不能妄加总结和评价，或擅自对档案原文进行解释。

5. 咨询服务

档案咨询是档案馆（室）人员解答利用者提出的问题，指导利用者查阅档案信息的一项服务工作。咨询内容有事实性或知识性，咨询方式有电话、来人、来函等。咨询服务一般分为接受咨询、咨询分析、查找档案、答复咨询、建立咨询档案等步骤。

6. 档案展览

档案展览，是档案馆（室）为配合各项工作的开展，按照一定主题，系统形象地展示与介绍馆（室）藏有关档案的内容、成分的一种提供利用方式。

在展出时，必须注意档案保护和保密工作。为了保护原件，展品一般宜用复制品来展出机密的档案，须经领导批准和规定参观者的范围。

（三）不同档案利用的程序

1. 开放档案的利用

根据国家档案局关于《各级国家档案馆开放档案办法》的规定，各级国家档案馆对开放档案的利用程序做出具体规定。

（1）中华人民共和国公民持有身份证或工作证、介绍信，可直接到档案馆利用。

（2）港、澳、台同胞和华侨利用国内已开放档案，如查取本人及其亲属历史证明，可持本人回乡证或身份证等有效证件，直接到有关档案馆利用；利用其他开放档案，须经大陆（内地）邀请单位、合作单位或接待单位介绍，提前30天向国家档案局或有关档案馆提出申请，说明自己的身份和利用档案的目的与范围以及其他有关情况，并经保存该档案的档案馆同意，就可以利用已开放的档案。

（3）外国组织和个人利用已开放档案，须按照《档案法》及其《实施办法》以及国家档案局颁布的《外国组织和个人利用我国档案试行办法》的规定办理。凡已经我国有关主管部门的介绍和保存该档案的档案馆同意的，可以直接到各级国家档案馆阅览、复制摘录或以函、电等方式利用已开放的档案。这里的有关主管部门一般指的是我国负责外事工作的部门、外国组织或个人来华的接待单位的主管部门。

具体程序是：外国组织或个人根据与我国各级政府及其工作部门签订的有关文化交流协定利用我国各级国家档案馆的档案，可以通过签订协定的我国有关部门介绍，提前30天向有关档案馆提出申请。以其他途径利用中央级和省级国家档案馆的档案，可提前30天向国家档案局或有关省档案行政管理部门提出申请。申请利用者须说明自己的身份和利用目的与范围及其他相关情况。在利用过程中，须遵守档案馆的有关规定。

利用者到各级国家档案馆利用开放的档案，须服从档案馆的安排，遵守有关的各项规定，对违反者档案馆可视情况给予劝告或进行其他处置。利用中损坏档案，档案馆可根据档案价值责令利用者进行赔偿，或给予其他处理。

2. 未开放档案的利用

对于保存在各级国家档案馆的未到法定开放期限或者按规定需要延期开放的档案，利用者如果需要利用，根据《档案法》及其《实施办法》规定，应当符合以下条件：

第一，利用主体必须是我国的国家机关、团体、企事业单位和其他组织以及公民个人。

第二，利用目的是为经济建设、国防建设、教学科研和其他各项工作的需要。

第三，须经保存该档案的档案馆同意，必要时还须由该档案馆报经同级档案行政管理部门审批同意。

第四，遵守国家制定的有关利用未开放档案的规定。

第五，根据《上海市国家综合档案馆档案利用和公布办法》规定，公民和组织利用档案馆未开放的档案，应当凭公民本人所在街道（乡、镇）以上组织或本组织的介绍信，到国家综合档案馆办理申请手续。公民利用记载本人有关知识青年上山下乡、支援内地建设、婚姻登记、计划生育（独生子女）、学历、学籍、职称、获奖荣誉、离退休的证明性未开放档案，可以凭本人身份证到档案馆办理申请手续。

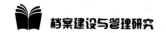

3. 已向档案馆移交、捐赠、寄存档案的利用

《档案法》规定：向档案馆移交、捐赠、寄存档案的单位和个人，对其档案享有优先利用权，并可以对档案中不宜向社会开放的部分提出限制利用的意见，档案馆应当维护他们的合法权益。

根据上述规定，向档案馆移交、捐赠、寄存档案的单位和个人，在档案利用方面享有下列权利：

第一，不论其档案的所有权归属如何，均有优先利用移交、捐赠、寄存档案的权利。

第二，可以对移交、捐赠、寄存档案中不宜向社会开放的部分提出限制利用意见。

第三，档案馆对寄存的档案，不得任意提供利用，如需提供利用，必须征得寄存者同意。

4. 其他组织、单位档案的利用

机关、团体、企事业单位和其他组织的档案机构保存的档案，按照法定移交期限向有关国家档案馆移交。这些档案在移交进馆前，主要供本单位工作需要查考利用。本单位外的其他利用者如果需要利用，须经档案保存单位的同意。

第五章 不同类型档案的管理探究

第一节 人事档案管理

人事档案是国家机构、社会组织在人事管理活动中形成的，记述和反映个人经历、思想品德、学识能力、工作业绩的，以个人为单位集中保存起来以备查考的文字、表格及其他各种形式的历史记录材料。目前，个人需要的司法公正、职称申报、开具个人证明、办理退休手续等都要用到个人人事档案。如何管理流动人员人事档案是高职毕业生经常面临的问题。

一、人事档案的特点及作用

（一）人事档案的主要特点

第一，现实性。人事档案记述和反映的是当事人现实的生活、学习及工作活动情况。组织、人事、劳动部门在现实生活中，为了考察和正确使用员工，要经常查阅人事档案。反映现实与为现实工作服务，是人事档案的一个重要特点。

第二，真实性。人事档案材料，其来源、内容和形式必须真实可靠，即真实地反映当事人各方面的历史与现实的面貌。真实性是人事档案的生命，是其核心特点。

第三，动态性。历史在发展，社会在前进，每个人的情况也在不断地发生变化，包括年龄的增长、学历提高与学识的丰富、职务与职称的晋升、工作岗位与单位的变更、奖励与处分的状况、在岗下岗及离退休等。因此，人事档案应当"与时俱进""档随人走""人档统一"。

第四，机密性。人事档案一般都涉及当事人家庭及个人的隐私。有些人员，如担任不同级别的党和国家的领导职务，或者身负外交、国防、安全、公安、司法等特殊任务，其人事档案往往涉及党和国家的机密。因此，人事档案在相当长的时间内及在一定的范围内具有机密性。

（二）人事档案的作用体现

第一，人事档案是考察、了解员工的重要手段。组织、人事工作的根本任务是知人善任、选贤举能，而要知人，就要全方位地了解人，了解的方法，除了直接考察该人员的现状外，还必须通过人事档案掌握其全面情况。可以说，人事档案为开发人力资源、量才录用、选贤任能提供了信息与数据。

第二，人事档案是解决当事人个人问题的凭证。出于种种原因，在现实生活中，有关部门和人员有时会对员工有错误的认识和做法，甚至造成冤假错案或历史遗留问题。作为当事人历史与现实的原始记录，可以为查考、了解和处理这些问题提供可靠的线索或凭证。

第三，人事档案是编写人物传记和专业史的宝贵资料。人事档案是在组织、人事部门中形成的，其中还有当事人自述或填写的有关材料，因此内容真实、情节具体、时间准确，在研究党和国家人事工作，研究党史、军事史、地方史、思想史、专业史以及撰写名人传记等方面，具有很高的史料价值。

二、人事档案的收集与归档

（一）人事档案的收集范围

人事档案收集范围主要包括：人事工作中形成的履历表、登记表等；国民教育、成人教育（大中专）、党校、军队院校学生（学员）登记表，考生登记表，学习成绩表，毕业生登记表；鉴定表，授予学位的材料、学历证明书；培训结业成绩登记表、学习鉴定、学员思想小结（结业）、博士后研究人员工作期满登记表等材料；评审（考试）专业技术职称（资格）和聘任专业技术职务工作中形成的有关材料；创造发明、科研成果鉴定材料；入党志愿书、入党申请书、预备党员转正申请书、自传、综合性政审材料及有关的证明、考察材料；加入民主党派的有关材料，办理工资、待遇等工作中形成的材料；健康检查和处理工伤事故中形成的有关材料；等等。

（二）人事档案的收集方法

第一，各级组织干部人事、纪检监察和教育培训、审计、统战等部门都应建立健全送交干部人事档案材料归档的制度，并认真贯彻执行。

第二，形成干部人事档案材料的部门在形成材料后的一个月内，按要求将材料送交主管干部人事档案的部门归档。

第三，干部人事档案管理部门应掌握形成干部人事档案材料的信息，建立联系制度，不失时机地向有关部门收集新形成的干部人事档案材料。

第四，干部人事档案管理部门若发现有关部门移交归档的材料不符合归档要求时，应及时通知形成材料的部门补送材料或补办手续。形成干部人事档案材料的部门有责任按规定认真办理。

第五，组织干部人事部门应根据工作需要，适时布置填写干部履历表或干部履历补充表等，及时充实档案内容。

（三）人事档案的归档要求

第一，归档的材料必须是办理完毕的正式材料。材料应完整、齐全、真实，文字清楚、对象明确，有承办单位或个人署名，有形成材料的日期。

第二，归档的材料，凡规定由组织审查盖章的，须有组织盖章，规定要同本人见面的材料（如审查结论、复查结论、处分决定或意见、组织鉴定等），一般应有本人的签字。特殊情况下，与本人见面后未签字的，可由组织注明。个人填写的履历表、自传、思想总结，必须有本人签字。

第三，人事档案材料要文字规范、字迹清晰，严禁做涂改、贴补或其他任何技术处理。档案材料要内容准确，所填写的出生时间、参加工作时间、入党时间、毕业时间必须与实际相符，不准更改，填写姓名用字必须与户口本、身份证用字相符，不得用简化字、同义字、同音字代替，不得含糊其词、互相矛盾。

第四，干部人事档案材料的载体应使用 16 开（19cm×26cm）规格的办公用纸，材料左边应留出 2 ～ 2.5cm 装订边。

第五，归档材料的文字须是铅印、胶印、油印或用蓝黑墨水、黑色墨水、墨汁书写，不得使用圆珠笔、铅笔、红色墨水及纯蓝墨水和复写纸书写。除电传材料须复印存档外，一般不得用复印件代替原件存档。

（四）建立和健全收集制度

一是移交制度。各单位、各部门日常工作中形成的，凡属人事档案材料归档范围的，均应移交人事档案部门。

二是索要制度。人事档案部门不能完全坐等有关单位或部门主动送材料上门，应当常与有关部门保持密切联系，定期或不定期索要应归档的人事档案材料，做到嘴快、手快、腿勤。

三是检查核对制度。人事档案部门应定期检查所管档案的状况，将其中不符合归档要求的材料，退回形成单位重新制作或补办手续；发现不属于人事档案范围的材料，应退回原单位处理；发现缺少的材料，应填写补充材料登记表，以便有计划地进行收集。

四是补充制度。组织、人事、劳动（劳资）部门根据工作需要和人事档案材料的缺少情况，统一布置填写有关表格等材料。

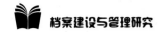

三、人事档案的鉴别

人事档案的鉴别是按照一定的原则和规定，对收集的档案材料进行审查，甄别其真伪，判定其有无保存价值，确定其是否应归入人事档案。鉴别工作的好坏直接决定着人事档案质量的优劣，对能否正确贯彻人事政策也有一定的影响，这项工作在人事档案工作中占有特殊的地位。

（一）人事档案的鉴别原则

人事档案的鉴别工作是一项政策性很强的工作，必须遵循"取之有据，舍之有理"的原则。取之有据，是指归入人事档案的材料要有依据，符合上级的有关规定；舍之有理，是指决定剔除的材料要有足够的剔除理由，尤其是准备销毁的材料，必须慎之又慎，不能草率从事。

（二）人事档案的鉴别内容

第一，鉴别档案材料，须做到逐页逐项地核对材料内容和有关信息，保证材料内容完整、齐全、真实，保证信息准确无误。

第二，凡规定由组织盖章的材料，应有组织印章；凡个人撰写的材料，应有形成时间及本人签字。

第三，对档案中涉及的出生时间、入党时间、参加工作时间和学历学位等信息前后记载不一致的，在没有组织出具的更改证明的前提下，出生时间、参加工作时间以档案中最早记载为准；入党时间以支部大会讨论通过的时间为准；涉及学历学位档案记载与本人填写不一致的，人事档案室须向有关部门人事干部反映，人事干部负责对该人学籍材料进行催要；涉及干部出生年月、参加工作时间变更问题须报人事处审核批准。

第四，对于所缺材料须向材料形成单位进行催要，如确实无法补充，单位要出具书面说明。

（三）剔除材料的处理

第一，转出经鉴定确实不属员工本人的材料，或是不应归入人事档案的材料，均应转给有关单位保存或处理。转出时，要写好转递材料通知单。

第二，退回凡新近形成的档案材料，手续不够完全，或内容尚需查对核实，应提出具体意见，退还有关单位，待修改补充后再交回。凡应退还本人的材料，经领导批准后退还本人，并履行登记、接收人清点与签名盖章等手续。

第三，留存不属人事档案范围，又有价值的材料，整理后作为业务资料保存。

第四，销毁无保存价值、重份的材料，要按有关规定予以销毁。

（四）人事档案鉴别的注意事项

第一，鉴别人员必须认真贯彻执行干部档案工作的有关规定，严格遵守安全保密制度，严防泄露干部档案材料内容。

第二，在鉴别档案材料过程中，更要加强对档案材料的管理，注意档案中散件的保存，对抽出及补充的材料要及时登记、送交，防止遗失。

第三，注意爱护档案材料，严禁涂改、损坏材料，严禁在档案材料附近吸烟、喝水，以免污损材料。

四、人事档案的排列与编目

（一）人事档案的排列

人事档案排列方法有三种：①时序法，是按形成时间为序排列材料的方法，形成时间早的材料排在前，形成时间晚的材料排在后，由远至近反映干部的情况。②系统法，是按材料的重要程度为序进行排列的方法，适用于系列材料的排列。③时系混合法，是时序法、系统法交叉使用的方法，适用于一个类别里有多套系列材料的情况。

（二）人事档案的编目

1. 人事档案的编码

人事档案的编码包括顺序号、页码。顺序号包括材料的类号和份号。类号是指对干部人事档案材料所划分的 10 个大类号；份号是每类中具体材料的排序号。编写顺序号用铅笔，标在每份材料第一面的右上角。格式如下：

1-1	1-2……
2-1	2-2……
3-1	3-2……
……	……

前面的数字代表材料所归属的类别，后面的数字代表材料在每类中的排序号，如"1-1"表示第一类中的第一份材料，依此类推。

在每份材料右上角编上顺序号的同时，按图书计页法，用铅笔在材料每面的右下角编上页码（正面右下角，反面左下角）。材料本身有页码的，不须重编。如果其中有插页的，将插页顺着上页编上号码，再将以后的页码顺编。

为每份材料编上顺序号和页码，一方面可以固定材料的位置，另一方面也方便检索、利用。

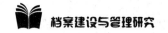

2. 人事档案的目录登记

每卷人事档案必须有详细的档案材料目录。人事档案材料的目录登记，就是在材料经过排列之后，按照固定的目录栏目和要求，将相应的归档材料逐份记载的工作。目录登记关键可以起到索引的作用，同时有帮助复查、保护档案材料的作用。

五、人事档案的保管、查阅与转递

（一）人事档案的保管范围

人事档案的保管范围，是依据统一领导、分级管理，管人与管档案相一致的原则确定的。

一是在职人员。人事档案的正本，由主管该人的组织、人事部门保管；人事档案的副本，由主管或协管该人的组织、人事部门保管。非主要协管和监管的单位，不保管人事档案的正、副本，但可根据需要保存近期重份的或摘要的登记表、履历表之类材料。军队和地方互兼职务的干部，主要职务在军队的，其档案由部队的政治部保管；主要职务在地方的，其档案由地方的组织、人事部门保管；民主党派和无党派的爱国人士档案，由各级党委统战部门保管。

二是离退休人员。党中央、国务院管理的干部，是中共党员的，其档案由中央组织部（或人事部）保管；是民主党派和无党派爱国人士的，由中央统战部保管，其他人员的档案，由该人的管理部门保管；工人档案由所在单位的劳动（组织、人事）机构保管。

三是辞职、退职、自动离职、被辞退（解聘）后未就业人员。在职人员辞退、退职、自动离职、被辞退（解聘）后，未就业的机关、事业单位人员等的档案由原管理单位保管，企业人员由户籍所在地劳动保障部门保管。已就业的，其档案转至有关组织、人事、劳资部门保管；不具备保管条件的，转至人事部门所属的人才流动服务中心保管。在职人员被开除公职后，其档案保管方法原则上同上述程序。

四是开除公职、判刑的人员。在职人员受刑事处分期间，其档案由原管理单位保管；刑满释放或解除劳教后，重新安排工作的，其档案由主管该人员的部门保管或由人才流动服务中心保管。

五是死亡人员。党中央、国务院的干部，死亡后其档案由原管理单位保管五年，移交中央档案馆保存。中央、国家机关各部长，各省、自治区、直辖市管理的厅局级职务的干部，全国著名的科学家、艺术家、教授和有特殊贡献的英雄、模范人物、知名人士等，死亡后其档案由原管理单位保管五年后，移交本单位档案部门保存，并按规定的限期，移交同级档案馆保存。上述范围以外的其他干部，死亡后其档案由管理部门保存五年后，移交机关档案部门保存，并按同级档案馆接受范围规定进馆。企业职工死亡后，其档案由原管理部门保存五年后，移交企业综合档案部门保存；对国家和企业有特殊贡献的英雄、模范人物死亡后，其档案按规定向有关档案馆移交。

六是人事档案管理人员及其在本单位直系亲属的档案。人事档案管理人员及其在本单位直系亲属的档案由组织指定有关部门及专人保管。

（二）人事档案的查阅

1. 人事档案查阅的原则

人事档案查阅总原则是：宽严适度，内外有别，灵活掌握，便于利用。组织、人事、劳动部门利用档案应从宽，其他部门利用档案应相对严格一些。对高、中级干部，有贡献的专家、学者和有影响的知名人士，以及机要人员的人事档案，提供利用时应从严掌握，严格执行审批手续；对一般干部、工人、学生的人事档案，利用范围可以从宽掌握。凡员工的主管单位，组织、人事、劳动、纪检、监察、保卫、司法、检查等部门，因研究和处理有关问题，可以查阅和借用人事档案；其他单位不得直接查阅，如确因工作需要借用档案，则须办理相关手续。

2. 人事档案查阅的要求

（1）利用党委组织部门的人事档案必须是中共党员。

（2）组织、人事、劳动部门查阅人事档案须有手续完备的信件；其他部门应持有本单位领导签字的正式查档介绍信或查阅人事档案审批表。

（3）查阅人员不得查阅本人及其亲属的档案。

（4）未经领导批准，不得查同级人员档案，下级不得查阅上级人员档案。

（5）本单位组织、人事部门一般不得查阅本单位领导人的档案。

（6）只准查阅介绍信或审批表中提到的有关内容的档案。

3. 人事档案查阅的程序和手续

第一，查阅人事档案，必须持介绍信或审批表，由主管负责人签字并加盖公章，报人事档案部门审批后方可查阅。

第二，人事档案部门接到介绍信或审批表后，应认真审核其查档理由、范围、手续等，提出处理意见并报领导审批。

第三，提供利用时，将介绍信或审批表留下，办好借阅登记手续后方可阅档。

第四，人事档案一般不外借，在特殊情况下经过批准可以短期外借，并严格办理借还手续。

4. 出具证明和复制档案的手续

凡是县级和相当于县级以上党委组织、人事、劳动、公安等机关，人事档案管理部门可以根据利用者的需要，出具证明材料，经领导审阅批准后，加盖公章，然后登记发出或直接交给利用者。

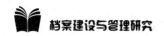

档案材料的复制，先由利用者提出申请，说明复制的内容和形式（手抄、复印、摄影）、份数和用途，经人事档案部门审核批准后，方可复制。复制后应注明材料出处、复制日期、必要时加盖公章，以示负责。

（三）人事档案转递

人事管理工作中，出于多种原因，经常改变员工的主管单位和协管单位。因此，人事档案随着干部的任免权限的改变、员工主管单位的变化，要及时转至新的主管部门，这就形成了人事档案转递工作。

1. 人事档案转递原因

人事档案转递的原因很多：员工职务变动（提拔、免职、降职）改变了主管单位；员工跨单位、跨系统调动；员工所在单位撤销或合并入新单位；干部任免权变化与人事管理范围的调整，人事档案的管理范围也进行相应的调整；员工所在单位的隶属关系发生变动；干部进入院校学习毕业后统一分配；中专、高等院校毕业生分配工作；军队干部转业到地方安置或复员；员工离休、退休后异地安置；员工辞职、退职、开除公职、刑满释放、解除劳教后重新就业的；员工残废后，按规定向相应档案馆（室）移交的；"无头档案"查到下落的；形成人事档案材料的单位需要向主管单位人事档案部门移交的；等等。

2. 人事档案转递要求

第一，及时。为避免发生"有人无档"或"有档无人"的现象，必须及时转递人事档案。1990年修订的《干部档案工作条例》规定："干部工作调动或职务变动后就及时将档案转给新的主管单位。"《企业职工档案管理工作规定》也指出："企业职工调动、辞职、解除劳动合同或被开除、辞退等，应由职工所在单位在1个月内将其档案转交其新的工作单位或其户口所在地的街道劳动（组织人事）部门。"要达到上述要求，人事管理部门与人事档案部门要密切合作，相互衔接好。人事管理部门在员工提升、调动、复员、离休、退休的决定和通知下达后，就及时抄送或通知人事档案部门，以便续填职务变更登记表和转递人事档案。

第二，准确。转递人事档案必须以任免文件调动通知为依据，在确知有关人员新的主管单位后，直接将人事档案转至该人员新的主管单位。不要把人事档案转到非人事主管单位的上级机关或下级机关，更不能盲目外转。

第三，安全。人事档案转递工作要确保人事档案材料的绝对安全，杜绝失密、泄密和丢失现象的发生。转递人事档案只能用机密件通过机要交通转递，也可由转出或接收单位派专人送取，不准本人自带，不得以平信、挂号、包裹等形式公开邮寄。凡转递人事档案，均应密封并加盖密封章，详细填写统一的"人事档案转递通知单"，确保其绝对安全。

3. 人事档案转递方式

人事档案转递的方式主要有零星转递和成批移交。零星转递是指日常工作中经常的数量不大的人事档案材料及时转递给有关单位，是转出的主要的经常的方式，一般通过机要交通来完成。成批移交主要是指管档案单位之间数量较多的人事档案的交接，经交接双方商定，由接收单位或移交单位派专车、专人到移交（或接收）单位取送，如移交与接收单位相距太远，则通过机要交通转递。

4. 人事档案转递程序和手续

（1）转出程序和手续。转出的档案必须完整齐全，不得扣留材料或分批转出，转出前认真清理和整理，做到材料齐全、装订整齐。人事档案应通过机要交通转递或派专人（中共党员）送取，不得转往无人事权的部门或民办机构。零星转递时，应在转出材料登记簿上登记，在人事档案底册上注销，并仔细填写"人事档案转递通知单"，将材料以机密件寄出，并将收到单位退回的"回执"粘贴在转递存根处；转出的档案，逾期一个月未退回执的，应及时催退回执，以防丢失。成批移交时，除登记、注销外，还应编制移交文据和移交清册一式两份，要派人护送，交接双方应在移交文据上签字，以示负责。对已出现的"无头档案"，应认真查转；对确属查不到下落人员，又有保存价值的档案或档案材料，应转到当事人的原籍档案馆保存。

（2）接收程序和手续。首先应仔细检查转来的档案是否属本单位所管理的范围，如属本单位的，应查对与转递通知单或移交清册上的记载是否相符；确认无误后，在转递通知单或移交清册上签字，加盖公章；将回执寄给转档单位，对接收的档案登记后入库。

第二节 会计档案管理

会计档案管理工作是会计工作中的一项重要工作，做好会计档案管理工作是做好会计工作的重要基础和前提。

一、会计档案概述

（一）会计档案的定义理解

会计档案是指单位在进行会计核算等过程中接收或形成的，记录和反映单位经济业务事项的，具有保存价值的文字、图表等各种形式的会计资料，包括通过计算机等电子设备形成、传输和存储的电子会计档案。

会计档案是各机关、团体、企事业单位或其他经济组织在经济管理和会计核算活动中

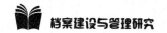

形成的会计核算材料。它是各单位档案的重要种类之一，也是国家全部档案的重要组成部分。会计档案是一种原始记录，它以丰富的数据信息记载着各单位的经济活动，具有很强的凭证性，是各单位经济业务活动的重要依据。

会计核算是以货币为计量单位，运用会计方法，对经济活动进行连续、系统、全面的记录、分类、汇总、分析，形成会计信息，为决策提供依据的一项会计活动。传统意义上的会计核算主要是指对会计主体已经发生或已经完成的经济活动进行的事后核算，也就是会计工作中记账、算账、报账的总称。

（二）会计档案的内容及特点

1.会计档案的内容范畴

（1）会计凭证。原始凭证、记账凭证、汇总凭证、其他会计凭证。

（2）会计账簿。总账、明细账、日记账、固定资产卡片、辅助账簿、其他会计账簿。

（3）财务会计报告。月度、季度、年度财务报告，包括会计报告、附表、附注及文字说明；其他财务报告。

（4）其他。银行存款余额调节表、银行对账单、其他应当保存的会计核算专业资料、会计档案移交清册、会计档案保管清册、会计档案销毁清册。

2.会计档案的主要特点

第一，会计档案形成范围的普遍性。凡具备单独会计核算的单位，都会形成会计档案。各单位每天都要发生大量的会计事项，在全部档案中，会计档案的比例较大。

第二，会计核算材料之间的连续性。会计核算一般包括三个基本环节：填制会计凭证、登记会计账簿、编制和提供财务会计报告。这三个环节相互衔接，基本上覆盖了会计核算的全过程。原始凭证、会计账簿、财务报告等会计材料先后有序，连续不断。

第三，会计档案类别的稳定性。会计的门类众多（有预算会计、商业会计、工业企业会计、基建会计等），生产流通和非生产流通的各个领域都有各种不同的会计核算对象和会计工作任务。但是各个门类会计的基本核算方法是相同的，所形成的都不外乎会计凭证、会计账簿和会计报告等几种形式，因此稳定性较为突出。

第四，会计档案外在形式的多样性。比如，会计账簿包含订本式（如总账、明细账等）、活页式（如现金日记账、银行存款日记账等）、卡片式（固定资产卡片等）。财务会计报告包含表格、文字、数据等，纸张有8开、16开、A3、A4等。

第五，会计档案的专业性。会计档案是通过会计核算的方法形成的，而会计核算是会计特有的专门手段，这种手段使会计档案有较强的专业性。

二、会计档案的收集与鉴定

（一）会计档案的收集

会计档案的收集工作是指通过归档制度，将分散于财务部门和会计个人手中的会计核算专业材料集中起来，实现统一管理。它是会计档案工作的起点，也是保证会计档案齐全完整的关键环节。

会计档案收集应遵循会计核算材料的形成规律，确保收集齐全、完整、准确，并适时做好补充收集工作。

1.会计档案的归档制度

会计档案归档是指财会部门将办理完毕且具有保存价值的会计核算材料经系统整理后移交档案室或档案馆保存的过程。为保证会计档案收集的齐全、完整与准确，必须建立严格的会计档案归档制度，该制度一般包括归档范围、归档时间、归档要求等内容。

（1）会计档案的归档范围。

会计凭证。会计凭证是记录经济业务、明确经济责任的书面证明，是登记账簿的重要依据。按填写程序和用途可分为原始凭证、记账凭证、汇总记账凭证和其他会计凭证。原始凭证是完成经济活动的最初取得或填制的书面证明，是会计进行核算、反映和监督的唯一合法依据。记账凭证是会计人员在会计核算中根据审核无误的原始凭证归类整理后的证明单据。

会计账簿。会计账簿是以会计凭证为依据，连续系统地记录和反映各项经济活动过程和结果的簿籍，是编制财务报告的重要依据。按用途可分为总账、明细账、日记账、固定资产账、辅助账（也称备查账）及其他会计账簿等。其外形一般有订本式、活页式和卡片式三种。

财务会计报告。财务会计报告是根据日常会计核算材料定期编制的书面报告，由财务会计报告、会计报告附注和财务情况说明书组成，是综合反映一定时期的资产负债和所有者权益状况以及某一特定时期经营成果和现金流动情况的书面会计报告。其种类较多，按时间分有月报、季报、年报，按内容分有资产负债表、利润表、资金活动情况表等，按编制单位分有单位报告、汇总报告，按服务对象分有内部报告和外部报告。

其他核算材料。主要包括银行存款余额调节表、银行对账单等，以及会计档案移交清册、会计档案保管清册、会计档案销毁清册等。

确定归档范围时务必注意：①预算、计划、制度等文件材料，属于文书档案范畴；②实行会计电算化单位的电子数据和相应软件资料及存储于磁性介质上的会计数据、程序文件等应当保存的会计核算专业材料，均属会计档案，须一并管理，并应当同时保存打印出的纸质会计档案。

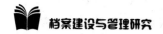

（2）会计档案的归档时间。

当年形成的会计档案，在会计年度终了后，由单位会计管理机构临时保管一年，再移交单位档案管理机构保管。因工作需要确需推迟移交的，应当经单位档案管理机构同意。

单位会计管理机构临时保管会计档案最长不超过三年。临时保管期间，会计档案的保管应当符合国家档案管理的有关规定，且出纳人员不得兼管会计档案。

（3）会计档案的归档要求。

第一，收集、整理应符合规范。应归档的会计核算材料要求齐全、完整、准确，且分类清楚、组卷合理、排序科学、编目清晰。

第二，编制移交清册。单位会计机构在办理会计档案移交时，应当编制会计档案移交清册，并按国家有关规定办理移交手续。

第三，保持原卷的封装。移交的会计档案为纸质会计档案的，应当保持原卷的封装。特殊情况需拆封重新整理的，应由档案机构和会计机构经办人员共同拆封整理，以分清责任。

第四，签章要完整。会计凭证、账簿封面及启用页、报告封面等须由经手人员、会计主管人员、单位负责人签字盖章的，应当完整齐全。

第五，元数据、读取平台一并移交。移交的会计档案为电子会计档案的，应当将电子会计档案及其元数据一并移交，且文件格式应当符合国家有关规定。特殊格式的电子会计档案应当与其读取平台一并移交。电子会计档案有相应纸质载体的，应在相应的元数据中著录相关信息，建立关联关系。档案接收单位应对保存电子会计档案的载体及其技术环境进行检验，确保所接收电子会计档案的完整、可读。

第六，严格办理交接手续。移交会计档案时，会计机构和档案机构有关人员必须逐卷认真清点核实，并由交接双方按规定在会计档案移交清册上注明交接人、时间、数量等，签名盖章后双方各执一份。

2. 会计档案的移交

会计档案的移交是指单位会计机构或人员根据有关规定向本单位档案机构移交会计档案，或本单位档案机构按照国家规定把会计档案向国家综合档案馆移送交接的过程。

会计档案移交工作类型包括如下四种：

（1）单位内部会计档案的归档移交。人员变动会计档案的移交、会计机构向档案机构的移交等。

（2）机构变动单位会计档案的移交。①单位因撤销、解散、破产或其他原因而终止的，在终止或办理注销登记手续之前形成的会计档案，按照国家档案管理的有关规定处置。②单位分立后原单位存续的，其会计档案应当由分立后的存续方统一保管，其他方可以查阅、复制与其业务相关的会计档案。单位分立后原单位解散的，其会计档案应当经各方协商后由其中一方代管或按照国家档案管理的有关规定处置，各方可以查阅、复制与其业务相关的会计档案。单位分立中未结清的会计事项所涉及的会计凭证，应当单独抽出由业务相关方保存，并按照规定办理交接手续。单位因业务移交其他单位办理所涉及的会计档案，应当由原单位保管，承接业务单位可以查阅、复制与其业务相关的会计档案。对其中未结清的会计事项所涉及的会计凭证，应当单独抽出由承接业务单位保存，并按照规定办理交接手续。③单位合并后原各单位解散或者一方存续其他方解散的，原各单位的会计档案应当由合并后的单位统一保管。单位合并后原各单位仍存续的，其会计档案仍由原各单位保管。

（3）竣工项目的会计档案移交。建设单位在项目建设期间形成的会计档案，应当在办理竣工决算后移交给建设项目的接收单位，并按规定办理交接手续。

（4）单位会计档案向综合档案馆的移交。各单位应按国家规定定期向综合档案馆办理会计档案移交工作。移交会计档案的单位应当编制会计档案移交清册，列明应当移交的会计档案名称、卷号、册数、起止年度、档案编号、应保管期限和已保管期限等内容。交接会计档案时，交接双方应当按照会计档案移交清册所列内容逐项交接，并由交接双方单位的有关负责人负责监督。交接完毕后，交接双方经办人和监督人应当在会计档案移交清册上签名或盖章。

3. 填写会计档案移交清单

会计档案移交清单项目包括年度、种类及数量、移交部门及移交人、接收部门及接收人、监交人、移交时间、备注，其填写方法如下：

（1）年度。填写需要移交的会计档案所属年度，用四位阿拉伯数字填写。

（2）种类及数量。一般分为会计凭证、会计账簿、财务报告、其他四类，数量一般以卷为单位统计。

（3）移交部门及移交人。由单位内财务部门及其管理人员填写并盖章签字。

（4）接收部门及接收人。由单位内档案部门或接收会计档案的有关部门及其管理人员填写并盖章签字。

（5）监交人。由监督办理接交档案手续的人员签名。

（6）移交时间。填写办理会计档案移交手续的年月日。

（7）备注。填写移交范围的会计档案中须标明的情况。

（二）会计档案的鉴定

会计档案的鉴定是指判定会计档案的真伪和价值的工作。会计档案价值判定包括归档时案卷的价值鉴别及保管期满时确定是否继续保管两方面。

1. 会计档案鉴定的一般步骤

会计档案的鉴定工作应按阶段进行。

（1）初步鉴定。初步鉴定的具体工作内容：①鉴定真伪。会计人员对所受理的各种

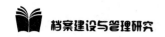

经济业务凭证必须严格按照《中华人民共和国会计法》鉴定真伪，对不真实、不合法的原始凭证不予受理。②划分保管期限。会计部门在会计年度终了后，根据《会计档案保管期限表》对会计文件材料进行价值鉴定，并确定保管期限。

（2）复查鉴定。复查鉴定亦可称期满鉴定。档案部门接收会计档案后，应根据《会计档案管理办法》的要求，定期会同会计人员对已到保管期限的会计档案进行期满复查鉴定，以确定销毁或延长其保管期限。

（3）销毁鉴定。销毁鉴定是销毁会计档案前的最终鉴定。销毁前的鉴定要谨慎，要掌握"可存可毁者，暂存；可长可短者，从长"和"判处销毁，缓期执行"原则。对涉及外事、对私改造、公私合营及未了结的债权债务、房地产契约、工资花名册、精简辞退人员等的均应从长保管。

2. 会计档案保管期限的划分

依据《会计档案管理办法》的规定，会计档案的保管期限分为永久、定期两类，定期保管期限分为 10 年、30 年两类。

凡是在立档单位会计核算中形成的，记述和反映会计核算，对工作总结、查考和研究经济活动具有长远利用价值的会计档案，应永久保存。

会计档案的保管期限的计算时间是从会计年度终了后的第一天算起。电子会计档案的保管期限与手工形成的会计档案一致，会计软件文档资料的保管期限为该软件停止使用或有重大更改之后 5 年。

3. 会计档案的销毁

各单位应当成立档案鉴定委员会（或小组），定期对已到保管期限的会计档案进行鉴定，并形成会计档案鉴定销毁意见书。经鉴定，仍须继续保存的会计档案应重新划定保管期限；对保管期满、确无保存价值的会计档案，可以进行销毁。

销毁会计档案要做到销毁有据、程序严格、手续齐备。单位确定可以销毁的会计档案，应当按照以下程序进行销毁：

第一，编制销毁清册。单位档案机构编制会计档案销毁清册，列明销毁会计档案的名称、卷号、册数、起止年度和档案编号、应保管期限、已保管期限、销毁时间等内容。

第二，审核批准。单位负责人、档案机构负责人、会计机构负责人、档案机构经办人、会计机构经办人在会计档案销毁清册上签署意见。

第三，派员监销。单位档案机构、会计机构、审计机构共同负责组织销毁工作，并共同派员监销。电子会计档案销毁时，还应当由信息系统管理机构派员监销。

第四，清点核对，反馈销情。监销人在会计档案销毁前，应当按照会计档案销毁清册所列内容进行清点核对；在会计档案销毁后，应当在会计档案销毁清册上签名或盖章，并将监销情况报告本单位负责人。

第五，电子会计档案的鉴定销毁应当符合国家有关规定。属于保密范围的电子会计档案，如存储在不可擦除载体上，应连同存储载体一起销毁；不属于保密范围的电子会计档案可进行逻辑删除。

4.会计档案销毁的注意事项

保管期满但未结清的债权债务会计凭证和涉及其他未了事项的会计凭证不得销毁，纸质会计档案应当单独抽出立卷，电子会计档案单独转存，保管到未了事项完结时为止。单独抽出立卷或转存的会计档案，应当在会计档案销毁清册和会计档案保管清册中列明。

三、会计档案的整理

会计档案整理就是将零散和需要进一步条理化的会计核算材料，通过科学的分类、组卷、排列、编号与编目组成一个有序体系的过程。

（一）会计档案整理的职责及要求

会计档案整理要坚持由会计机构负责整理的制度，整理会计档案必须坚持"谁做账，谁立卷"原则。会计人员对会计核算材料的真实准确负有法律责任。

会计核算材料的整理必须遵循会计档案形成的自然规律及其本身固有的特点，保持每一类核算材料相互之间的有机联系，区分其类别和不同的保管期限，进行科学系统的整理，使其规范化、标准化，便于管理和利用。

（二）会计档案的分类方法

会计档案的分类就是根据来源、时间、内容和形式等标准将会计文件分门别类。其分类方法主要有以下六种：

一是会计年度–会计文件文种（凭证、账簿、报告、其他）–保管期限分类法。这种方法将会计档案先按照年度，再按照文种，最后按保管期限分类，一年编一个案卷流水号，适用于单位预算会计、企业会计。

二是会计文件文种（凭证、账簿、报告、其他）–保管期限–年度分类法。这种方法将会计档案先按照文种，再按保管期限，最后按年度分类，适用于单位预算会计、企业会计。

三是会计文件文种（凭证、账簿、报告、其他）–保管期限–年度–会计类型分类法。这种方法将会计档案先按照文种，再按保管期限，最后按年度、会计类型分类，适用于税收会计。

四是保管期限–会计年度–会计文件文种（凭证、账簿、报告、其他）分类法。这种方法将会计档案先按照保管期限，再根据年度先后顺序、文种分类，适用于单位预算会计、企业会计。

五是保管期限–会计文件文种（凭证、账簿、报告、其他）–会计年度分类法。这种

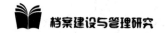

方法将会计档案先按照保管期限分开，再根据文种、年度先后顺序分类，适用于单位预算会计、企业会计。

六是会计文件文种（凭证、账簿、报告、其他）–保管期限–年度–组织机构分类法。这种方法将会计档案先按照文种，再根据保管期限、年度先后顺序，最后按照组织机构分类，适用于总预算会计。

（三）会计档案的组卷

会计档案的组卷就是将会计文件组合成案卷的工作。

1. 会计凭证的组卷

会计凭证须按月分开组卷，并根据每月凭证的多少组成一卷或数卷。不同月份产生的凭证不能组在同一案卷内。手工会计凭证及纸质电算化凭证的组卷均按如下步骤进行：

（1）排序检查。凭证在记账、汇总、审核等传递过程中可能产生颠倒凭证号、缺少凭证等情况。因此，在凭证整理前应将凭证按日期、编号排列，检查各顺序号的凭证是否齐全或颠倒、附件是否漏缺。缺少凭证或附件要找回；凭证颠倒要重新排列；破损票据应修补，残缺处如有重要内容，应查清补齐或在空白处说明，并签章；虚线连接的票据，应裁开；检查中发现的重要情况应另纸说明作为附件放在该凭证之后。

（2）拆除金属物。订书钉、大头针、回形针等金属易发生氧化，影响会计凭证的保管，应拆除。

（3）折叠接边。一般来说，原始凭证应比记账凭证略小，原始凭证要折叠整齐，方便翻阅时能看清每张记账凭证的内容。

第一，大幅面票据的折叠。纸张面积大于记账凭证的原始凭证，可按记账凭证的尺寸进行折叠。折叠时注意应把凭证的左上角或左侧面留出装订位置，如果装订线内有文字，可采取接边的方法，折叠后的凭证要方便展开查阅。

第二，中等幅面票据的接边及装订。对于纸张面积略小于记账凭证的原始凭证，可采取两种方法：一是直接装订法，即先用回形针或大头针将原始凭证别在记账凭证后面，待装订整本凭证后，抽去回形针或大头针；二是对原始凭证接边法，即用胶黏剂将大小适当的毛边纸贴在原始凭证上，留出装订边，然后再对整本凭证装订。

第三，小幅面票据的粘贴。对于纸张面积过小的原始凭证，一般不能直接装订，可先将原始凭证按一定类别排列，再将其贴在一张比记账凭证略小的白纸或粘贴单上。如果是板状票证（如以前的火车票），可以将票面票底轻轻撕开，丢弃厚纸板，粘贴薄票面。

第四，数量特别多的票据的处理。有的原始凭证不仅面积大，而且数量多，如人数特别多的职工工资单，社保局等单位收费、收款凭据等，这类凭证可单独装订，但应在记账凭证上注明保管地点或编号。

（4）案卷组合。会计凭证按记账凭证（后附原始凭证）的顺序（凭证分类后的时间顺序），根据凭证数量的多少组合为若干卷（本），按照多则分、少则合的案卷组合方法（一般每卷以 1.5～2.5cm 为宜），按日、旬、月组合成若干卷。

（5）装订。装订的部位一般在凭证的左上角或左侧。装订的方式有两孔一线和三孔一线装订法。在侧面装订的一般用三孔一线装订法，在左上角装订的一般用两孔一线装订法。装订的方法包括：第一，左上角装订法。要求每本凭证的左、上侧对齐，左上角的两条边要直，无毛边，呈直角。第二，左侧装订法。将一本凭证的左侧、下侧对齐后，用钢夹等工具固定这本凭证，在凭证的左侧钻开三个等距孔，穿线后实行三孔一线打活结，再贴上凭证封面。

会计凭证一般要在装订处加盖骑缝章。

（6）填写封面。会计凭证外面一般要有封面，用牛皮纸印制，封面规格略大于所附记账凭证。

会计凭证封面项目的填写方法如下：

单位名称：填写形成会计档案的单位名称，必须用全称或通用简称。如"中国共产党中央委员会"简称为"中共中央"，"中华人民共和国卫生部"简称为"卫生部"，"云南省人民政府财政厅"简称为"云南省财政厅"。不得简称"本部""本委""本省财政厅"等。

凭证名称：填写能够反映会计凭证用途或内容的名称，如"收款会计凭证""付款会计凭证""转账会计凭证"或"基建会计凭证""工会会计凭证""预算外会计凭证"等。

时间：本册会计凭证的起止年月日。

册数：会计凭证的册数。

册次：本册会计凭证的序号。

记账凭证起止号：本册记账凭证起号和止号。

记账凭证数：记账凭证的张数。

附件数：本册会计凭证的附件张数。

会计凭证总数：本册所有凭证的合计张数。

会计主管：单位内部具体负责会计工作的中层领导人员。

装订人：负责本会计凭证装订的人员。

装订时间：该册会计凭证装订结束的时间。

备注：本凭证需要说明的事项。

（7）装盒。装盒是将会计凭证按案卷号依次装入会计档案凭证盒内（一盒可装一卷或数卷），并填写会计档案凭证盒封面、盒脊等项目的工作。

2. 会计账簿的组卷

同一会计年度内会计账簿按账簿种类组卷，一般一本账为一卷，同时，应针对账簿的不同情况做如下处理：

（1）填表检查。

第一，填表。在账簿启用及整本账簿登记使用完毕后，应填写"账簿启用表"及"经管账簿人员一览表"。账簿启用表设置在账簿或账夹的封里，其栏目主要有账簿名称、账簿编号、账簿册数、第几册、启用日期、账簿页数、主管签章、会计主管签章、接管日期、接管人签章等。

第二，检查核对账表。按账簿启用表的有关记载核对各个账户是否相符、账页数是否齐全、序号排列是否连续。

第三，检查排列顺序。正确的排列顺序为账簿封面、账簿启用表、经管账簿人员一览表、账户目录、账页、封底。

在对账簿填表检查完后，根据账簿是活页账簿还是固定账簿的情况分别进行组卷。

（2）活页账簿组卷的要求。

对会计电算化打印出的账簿与手工材料明细账、内部往来账、固定资产分户账等活页账簿，应针对不同情况进行如下处理：

第一，手工活页账簿应去除空白页、撤掉账夹等固定物品，保留有内容的账页，将其账页数填写齐全。纸质账簿应用牛皮纸做封面和封底，将其装订成册。装订的会计账簿应牢固、平整，不得有错页、掉页、空白纸及折角、缺角等情况。

第二，把同类业务的账页装订在一起。多栏式活页账、三栏式活页账、数量金额式活页账等不得混装。

第三，填写封面。在账簿封面上填写账目的种类，会计主管人员和装订人（经办人）签章。

（3）固定账簿组卷的要求。

手工的现金日记账、银行日记账等常作固定账。固定账不拆去空白页，但一般在记录账页的最末一行的上下分别画一条红线，以示结束。此外，还应在会计档案案卷备考表中详细注明已使用账页的页数和空白页数。

会计业务量小的单位，账簿可以不贴口取纸；会计业务量大的单位，账簿上应贴口取纸，可以按一级科目或材料大类，按账页顺序由前往后、自上而下地粘贴。口取纸应该整齐、均匀，并能显露出科目名称。口取纸应在账簿的右侧粘贴，不要在上下两侧粘贴。账簿排架时应竖立放置，以便抽取时不损坏口取纸。

（4）会计账簿的装订。

各种会计账簿年度结账后，除跨年使用的账簿外，其他账簿应按时整理立卷，并装订。

账簿装订前，首先按账簿启用表的使用页数核对各个账户是否相符、账页数是否齐全、序号排列是否连续；其次按会计账簿封面、账簿启用表、账户目录、该账簿按页数顺序排列的账页、会计账簿装订封底的顺序装订。

活页账簿装订要求：第一，保留已使用过的账页，将账页数填写齐全，去除空白页和撤掉账夹，用适宜档案保管的牛皮纸做封面、封底，装订成册。第二，多栏式活页账、三栏式活页账、数量金额式活页账等不得混装，应按同类业务、同类账页装订在一起。第三，在账本的封面上填写好账目的种类、案卷号，会计主管人员和装订人（经办人）签章。

账簿装订后的其他要求：第一，会计账簿应牢固、平整，不得有折角、缺角，错页、掉页、加空白纸的现象。第二，会计账簿的封口要严密，封口处要加盖骑缝章。第三，封面应齐全、平整，并注明所属年度及账簿名称、编号。第四，会计账簿一般按照保管期限分别编制案卷号。

3. 财务会计报告的组卷

财务会计报告组卷时按会计年度结合保管期限组卷。财务会计报告组卷时要注意以下事项：月报、季报、年报分开，本单位报告与下属单位报告分开，不同年度、不同保管期限的报告分开。

（1）年、季、月报分开组卷。一般将年度财务会计报告，月、季度财务会计报告分开组成案卷。日报、旬报、半月报可不立卷归档，由财务部门视具体情况保存使用并进行处理。财务会计报告的文字材料是对会计报告的分析和说明，必须与会计报表一并组合到案卷，以保持其内容的密切联系。各单位的年度财务会计报告视页数多少，一年立一卷或若干卷；月、季度财务会计报告视份数、页数多少，可一年立一卷，也可每季度或每半年各立一卷，每卷厚度一般不超过 2cm。

（2）卷内排列。一个卷内有若干份报告时，按时间先后顺序进行排列，其中纸张太小的应按照 A4 标准进行背贴。会计报告排列顺序为：会计报告封面、财务会计报告编制说明、各种财务会计报告（按财务会计报告的编号顺序排列）、财务会计报告的必要文字说明、财务会计报告的封底。

（3）编写页码。财务会计报告需要编写页码，在有文字和数字的正面右上角、背面左上角标注页码。每卷均从"1"开始顺序编写，一卷一个顺序号。

（4）装盒。年度财务会计报告与月、季度财务会计报告整理好之后，应按照不同年度、不同保管期限分别装盒，不同年度、不同保管期限的报告不能混装。

（5）装订。按整理好的卷数采用三孔一线方式在财务会计报告左侧装订，注意将财务会计报告的下边和左边对齐压平，防止折角，如有损坏应修补后进行装订。装订线的结头放在财务报告的背面。

决算审核意见书、审计报告等可以与同期财务报告一并装订。

（6）填写封面。财务会计报告装订后，应粘贴财务会计报告封面。封面项目一般包括编报单位名称、单位负责人、填报人、审核人、填报日期、类别名称、题名、保管期限、年度、全宗号、目录号、案卷号、件数、页数、会计处理号等。封面脊背栏目一般有年度、总页数、档号、保管期限等。

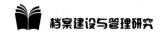

4. 填写会计档案盒封面和脊背项目

会计档案中的账簿、报告、其他类一般应该装入会计档案盒。

（1）会计档案盒正面项目的填写方法。

会计档案盒正面项目包括全宗名称、案卷题名、时间、卷数、张数、保管期限、全宗号、目录号、案卷号、盒号。

全宗名称：全宗名称相当于立档单位的名称，填写时要求和会计凭证盒正面上的"单位名称"一致。

案卷题名：由整理会计凭证的人员自拟。案卷题名应准确概括本盒会计档案的形成单位、时间、内容、类别，如"雅安市财政局 2014 年基金管理总账"。文字力求简练、明确。

时间：填写形成本盒会计档案的起止年月日。

卷数、张数：填写本盒内会计档案的卷数和张数。

保管期限：填写该盒会计档案的保管期限。

全宗号、目录号：填写方法与会计凭证盒上的全宗号、目录号的要求相同。

案卷号：填写本盒内会计档案的案卷号或案卷起止号，在案卷起号和止号之间用"～"隔开。

盒号：盒号是同一全宗、同一目录内按照案卷顺序号装盒的编号。

（2）会计档案盒盒脊项目的填写方法。

会计档案盒盒脊项目包括年度、全宗号、目录号、案卷号、盒号、保管期限。年度填写本盒会计档案所属年度，其他项目与封面相应项目填写一致。

5. 填写备考表

账簿、报告类会计档案一般需要放置卷内备考表。该表项目包括本卷情况说明、立卷人、检查人、立卷时间、检查时间，其填写方法如下：

（1）本卷情况说明。填写卷内文件材料（财务报告类和其他类）缺损、修改补充、移出、销毁等情况。案卷立好后发生或发现的问题由有关的管理人员填写并签名，标注时间。

（2）立卷人由负责立卷者签名。

（3）检查人。由案卷质量审查者签名。

（4）立卷时间。填写完成立卷工作的年月日。

（5）检查时间。填写审查案卷质量的年月日。

（四）会计档案的排列

会计档案的排列一般依据分类方案来进行，其方法有很多，各有利弊，各单位应选择适合本单位的排列方法，要注意方便适用，选定后不要随意变动。

按照会计文种（凭证、账簿、报告、其他）- 年度排列。即会计案卷按凭证、账簿、财务会计报告、其他四类分开，再按时间顺序排列。这种排列方法适用于一般单位。

按照年度－会计文种(凭证、账簿、报告、其他)排列。即先将不同年度的会计档案分开，同一年度的会计档案按凭证、账簿、财务会计报告、其他顺序加以排列。由于凭证、账簿、报告外形尺寸不同，这种排列方法易造成柜架浪费，补救的方法是全部使用同一规格的卷盒，一盒中可装若干凭证、账簿、报告，应注意在盒脊上填写该盒内档案的起止案卷号。

按保管期限－年度－会计文种（凭证、账簿、报告、其他）排列会计类型单一、档案数量较多的单位，可采用先按保管期限，再按年度，然后再按会计文种（凭证、账簿、报告、其他）的方法排列。

按会计文种（凭证、账簿、报告、其他）－保管期限－年度分类排列。就是在会计档案大类内先按会计凭证类、会计账簿类、会计报告类、其他类顺序排列，每个属类内分期限、按年度流水排列。

（五）会计档案的编号与编目

1. 会计档案的编号

为了固定顺序，便于统计和查找，会计档案一般需要编制全宗号、目录号、案卷号、页号。

（1）全宗号。全宗号由档案馆给定。

（2）目录号。目录号根据案卷目录的册数，一册一个号，流水编制；案卷目录一般按会计档案类别、保管期限、会计年度等编制，一个全宗内目录号不可重复。

（3）案卷号。案卷号是每卷档案在案卷目录中的流水顺序号，同一案卷目录内案卷号不可重复。案卷号一般在 1000 以内编制。

（4）页号。页号以案卷为单位编制流水号，其中，会计凭证一般不编制页号，固定账簿如果已经印有页码则无须另行编写。

2. 会计档案的编目

会计档案需要编制的目录主要有卷内目录、会计档案目录。

（1）卷内目录。

会计档案卷内目录项目包括顺序号、责任者、文号、题名、日期、页号、备注。

会计档案卷内目录各项目的填写方法如下：

顺序号：以卷内文件材料排列先后顺序填写序号，亦即件号。

责任者：填写对档案内容进行创造或负有责任的团体和个人，即文件材料的署名者。

文号：填写文件制发机关的发文字号。

题名：文件材料标题，一般应照实抄录，没有标题或标题不规范的，可自拟标题，外加"〔〕"。

日期：填写文件材料的形成时间，以八位阿拉伯数字标注年月日，如 20230619。

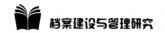

页号：填写卷内文件材料所在之页的编号。

备注：在需要说明情况的文件材料栏内将需说明的情况填写在备考表中。

（2）会计档案目录。

会计档案目录就是会计档案案卷目录，也称会计档案保管清册，是基本检索工具。其编制方法与会计档案的分类、排列有密切联系，常用的方法包括：①统编法，将一个单位形成的所有会计档案按一年或数年统一编制。②分类编制法，将一个单位形成的会计档案按会计档案的不同形式、不同机构或不同类型分别编制。③保管期限编制法，将一个单位形成的所有会计档案按不同保管期限分别编制。

会计档案目录包括案卷号、类别、题名、起止时间、保管期限、卷内张数、备注等项目。

会计档案目录各项目的填写方法如下：

案卷号：根据整理会计档案时会计凭证盒或会计档案盒上的对应项目填写。

类别：填写该卷会计档案所属的类别，如"会计凭证类""会计账簿类""财务报告类"等。

题名：题名即案卷题名，填写要求与会计档案盒上的"案卷题名"相同。案卷题名由整理会计档案的人员自拟，应准确概括本盒会计档案的形成单位、时间、内容、类别，如"曲靖市财政局2015年度（或上半年、下半年、季度）财务会计报告"。文字力求简练、明确。

起止时间：填写该卷档案启用和终止的年月。

保管期限：根据整理会计档案时确定的会计凭证盒或会计档案盒上的保管期限填写。

卷内张数：指会计凭证总数、账页总数或财务会计报告的总张数，根据该卷会计档案的具体张数填写。

备注：填写记账凭证起止号或其他需要说明的事项。

会计凭证一般不须编制卷内目录，固定账簿如果已经内附目录，则可以不再另外编制。会计档案移交、保管、销毁清册由于数量较少，可以一并编入同一保管期限、年度的案卷目录之中。

四、会计档案的保管与利用

（一）会计档案的保管

会计档案的保管是指根据会计档案的不同制成材料，分别采取科学存放和安全保护措施，维护会计档案的完整、系统与安全的工作。

各单位对保管的会计档案必须建立严格的保管制度，保管会计档案应做到防盗、防火、防潮、防虫、防高温，磁性介质还要特别注意防尘、防热、防冻、防磁，要有相应的安全措施。要有存放设备并做到整齐美观；门窗要牢固；要有除湿、降温、防火、防盗等设备，改善保管条件，确保会计档案的安全。

会计档案由单位档案室的档案人员保管，单位会计部门的会计人员不能保管。

（二）会计档案的利用

单位应当严格按照相关制度利用会计档案，在进行会计档案查阅、复制、借出时履行登记手续，严禁篡改和损坏。

单位保存的会计档案一般不得对外借出。确因工作需要且根据国家有关规定必须借出的，应当严格按照规定办理相关手续。

会计档案借用单位应当妥善保管和利用借入的会计档案，确保借入会计档案的安全完整，并在规定时间内归还。

第三节 科技档案管理

一、认识科技档案

（一）科技档案的定义理解

科学技术档案，简称科技档案，《档案工作基本术语》（DA/T 1-2000）将其定义为：反映科学技术研究、生产、基本建设等活动的档案。这一定义采取列举法，罗列了科研、生产、基建等科技档案主要的形成来源。在一些科技档案管理教材中采用其他表述来定义科技档案，例如，《科技档案管理》将其定义为：是保存备查的直接记述和反映科技生产活动的科技文件。该定义中的"科技生产活动"是个广义概念，涵盖人们从事各种认识自然和改造自然的活动，并以"保存备查"揭示了科技档案与科技文件这两种事物之间的区别。而《科学技术档案案卷构成的一般要求》（GB/T 11822-2008）用列举法对科学技术文件材料（简称科技文件）进行定义，即记录和反映科学研究、生产运营、项目建设活动和设备仪器运行、维护及其管理工作的文字、图表、声像等不同形式文件材料的总称；对科技档案的定义则为：国家机构、社会组织以及个人从事各项社会活动形成的，对国家、社会、本单位和个人具有保存价值的，应当归档保存的科技文件。该定义也类似地以"具有保存价值的，应当归档保存的"揭示科技档案与科技文件之间的区别。

（二）科技档案的显著特点

科技档案是档案中的一大门类，相比其他门类档案，其在内容构成、形成规律、管理方法和作用特征上，具有自身显著的特点。

第一，构成的成套性。科技档案构成的成套性是科技档案形成和内容构成的整体特征。科技生产活动的特点和规律决定了人们总是以一个独立项目或某一对象为单元进行科技生产活动的。而在这一科技生产活动过程中，自然形成了一系列相关联的文件材料，这些文件材料构成了一个有机联系的整体，即成套性。科技档案构成的成套性特征在基本建设、科学技术研究、产品研制、地质勘探、测绘等活动中都有明显体现，例如，基本建设活动总是以一个建设项目或工程为单元进行的，科学技术研究活动总是以一个课题或项目为单元进行的。

第二，内容的专业性。科技档案的专业性由其形成领域和内容属性决定。在形成领域上，科技生产活动与各类管理活动有明显不同，各类科技生产活动的共同特征是明显的专业性。从内容上看，科技档案不仅具有一般意义上的专业性，且不同领域形成的科技档案还具有不同性质的专业性。

第三，管理的现实性。科技档案具有较强的现实使用性和价值。档案具有历史查考作用，科技档案也不例外，但其现实使用性不能被否定或忽略。科技生产活动的延续性决定了有些科技文件归档成为科技档案后，往往是其使用频率最高、发挥作用最重要的时期，不只是起存史作用。这也决定了科技档案应与其所反映的对象的现实保持一致，例如，市政管线档案如果与其反映的实物不一致，则难以起到为现实利用的作用。这一特征要求科技档案实行动态管理，如建立健全更改补充制度。

第四，种类的多样性。这里的多样性既包括科技档案下位门类的多样性，如基本建设档案、科研档案等不同门类的科技档案；也包括科技档案组成的多样性，如一套科技档案中既有文字材料，也有技术图纸，还有专业计算书等计算材料，相对而言，文书档案则较单一；还包括科技档案载体的多样性，如传统纸质材料，保存于光盘、硬磁盘等载体上的电子文件、照片、录音录像。尽管随着科技发展，其他门类档案载体材料也呈现多样化趋势，但科技档案的这一表现更突出。

第五，利用的广域性。科技档案利用的广域性指其作用的发挥不局限于形成单位，还可以产生更广泛的社会效益与经济效益，例如测绘档案、气象档案、水文档案等能广泛服务于社会。

（三）科技档案管理的要求及方法

科技档案工作是一项以科技管理为核心的专业性和服务性工作，做好科技档案工作须遵循下列要求与方法：

第一，"三纳入"，即科技档案工作应纳入领导工作议事日程，纳入有关的规章制度及工作流程，纳入有关部门和人员的经济责任制和岗位责任制。科技档案是科技生产活动的记录和产物，与科技生产活动有着天然的密切关系，同时也服务于科技生产活动，因此，科技档案工作是科技生产活动的重要组成部分，需要各单位科技档案工作的分管领导慎重考虑和研究，将科技档案管理纳入工作的议事日程，通过协调将科技档案管理纳入各项科技生产活动的规章制度及工作流程，纳入有关部门和人员的岗位责任制或经济责任制，行之有效地保障科技生产活动完整、真实、准确、有效的记录的形成和管理。

第二，"四参加"，即档案部门或人员应参加产品鉴定、科研课题（或项目）成果审定、建设项目验收、设备仪器开箱验收等活动，负责检查应归档文件材料的完整、准确、系统。"四参加"是我国几十年科技档案工作的经验总结，是一种行之有效的管控措施。产品鉴定、科研课题（或项目）成果审定、建设项目验收、设备仪器开箱验收等活动都是相关工作结论性、阶段性、节点性的活动，如果这些活动的文件材料不能得到及时归档，事后弥补将困难重重。档案部门或人员参加这些重要活动，可以深入了解在相关工作和活动中产生哪些需要归档的文件材料，从而对这些工作和活动的文件材料完整、准确、系统地归档起到把关和维护本单位利益的作用。所以，"四参加"应纳入有关单位管理制度并严格执行。

第三，"四同时"，即下达项目计划任务应同时提出项目文件材料的归档要求，检查项目计划进度应同时检查项目文件材料积累情况，验收、鉴定项目成果应同时验收、鉴定项目文件归档情况，项目总结应同时确保项目文件材料归档交接的完整、准确、系统。"四同时"也是我国几十年科技档案工作的经验总结，是一种行之有效的在工作全过程中对归档文件材料进行控制的措施。档案部门与本单位有关管理部门相互配合，共同将"四同时"作为一种管理工作流程执行好，对科技生产管理和科技档案管理起到相辅相成的作用。

二、科技文件的积累

科技文件积累是指由社会组织机构如企业、科研及设计单位等所属的业务技术部门、科技人员或文档管理部门，遵循一定的原则，利用一定的方法，对处于形成、运转等阶段的科技文件进行适当集中并妥善保管的专门业务工作。

（一）科技文件积累的基本原则

科技文件积累是科技文件与档案管理工作的基础，它需要遵循以下三个原则：

1. 系统原则

系统原则就是要求从全局的角度出发，遵循科技活动的规律，依据科技工作程序，按照科技文件的特点进行全过程积累，以保证科技文件产生、形成的内在有机联系。任何一项科技工作任务，无论是产品的设计与生产，还是课题的研究与开发，都是按程序分阶段进行的。例如，产品是按设计（含初步设计、技术设计）—试制—小批量生产试制—批量生产—产品创优等阶段进行的，科研课题是按立项—研究准备—试验分析—总结鉴定—成果申报—应用推广等阶段进行的，因此，只有依据科技活动的规律，按照科技文件形成的阶段进行系统积累，才能保障科技文件的内在有机联系，客观地反映科技活动的全过程。

2. 动态原则

动态原则就是要求把科技文件的积累保存与更改结合起来，以保证科技文件的真实性和准确性。科技文件的积累保存使科技文件处于一种相对静止的状态，而对科技文件的更改则使已经积累起来的科技文件处于一种不断变化的状态。在日常的科技工作中，出于科技、生产人员的主观原因以及科技、生产活动的客观原因，经常会不可避免地对已经过审批的科技文件进行更改，使其符合科技活动的客观实际，以保证科技活动的质量。因此，在科技文件积累过程中应及时调换更改作废的技术文件，避免漏改、漏换、漏记（漏填"更改标记栏"等），否则将直接影响到科技档案的质量，进而影响到科技档案对科技活动的真实记录作用。

3. 与科技活动同步的原则

与科技活动同步的原则就是要求把科技文件的积累贯穿科技活动的全过程，以保证科技文件的完整。具体而言，它主要包括以下两方面的内容：

第一，科技文件的积累应从科技、生产活动的立项时入手，特别是那些周期长、任务复杂的新产品的开发或新建项目，在科技、生产活动之初，出于专业涉及面广、科技人员多，或科技活动处于探索阶段等原因，往往容易忽视科技文件的积累工作，造成科技文件流失或破损。

第二，科技文件的积累应在每一阶段、每一环节及每个科技人员的工作活动中随时进行，在科技活动开展之初就应制定科技文件积累工作制度，明确责任，确定各阶段、各环节及相关科技人员的科技文件积累工作任务，以保证科技文件的系统性和完整性。

（二）科技文件的积累范围

一般而言，按照科技文件的性质，科技文件的积累范围主要有前期基础性科技文件、中间性科技文件、成果性科技文件、参考性科技文件这四方面。

前期基础性科技文件包括项目任务书、协作任务书、委托任务书、项目论证报告、任务鉴定书、科研规划、试验大纲、项目批准书、请示报告、上级批示、国内外调查报告、可行性研究报告及方案论证等依据性科技文件。

中间性科技文件包括各种原始记录、原始数据，各种试验报告、阶段小结、故障分析材料，各种配方、工作日记，各研制阶段的产品图样、技术条件、典型工艺、图样更改单等。

成果性科技文件包括研制产品定型的全套产品图样、技术文件、主要工艺文件、装备文件、技术说明书、产品定型实验报告、产品合格证、现场试验报告、专题报告、研制工作报告、科学论文、成果鉴定材料等。

参考性科技文件主要包括从外单位收集来的、作为本科技活动参考使用的技术资料、科技情报等。

（三）科技文件的积累方式

1. 科技人员个人积累

科技人员个人积累是指由参加具体科技活动的科技人员积累保存自身职责范围内所形成的各种草稿、原稿记录及未成文的科技文件等，它往往以产品型号、科研课题或工程项目为对象，将形成的科技文件装入统一发放的科技文件积累袋，并逐一登记在科技文件登记目录上，并按科技文件形成程序在"科技文件积累袋"编填顺序号。当科技文件成套或科技任务告一段落后，按科技文件完整性的技术标准，对已形成的科技文件进行整理核实后，及时移交给科技管理部门统一管理。

2. 科技管理部门积累

科技管理部门积累是指由科技管理部门集中统一承担科技文件的积累和管理工作，其积累范围主要包括：科技人员移交的科技文件，涉及若干人或整个科技项目活动的依据性、原始性、中间性及成果性科技文件，与其他单位或个人交换来的具有参考价值的技术性资料以及收集来的科技情报信息等。在积累方法上，往往以产品型号、科研课题或工程项目为对象，将涉及若干人和全专业组（或部门）的科技文件按形成程序或先按某种特征（如专业、结构），再按形成程序装入统一制作的科技文件积累袋内并逐一登记在每袋相应的科技文件登记目录上。此外，科技管理部门的负责人或专、兼职科技文件管理员应对科技人员移交的积累袋按照其形成时的内在有机联系进行统一管理。

在积累保存与管理方面，应做好两方面的工作：其一，根据科技文件的载体类型，如底图、蓝图、电子文件、照片、光盘等的物理特性和保管上的不同技术要求，分别装入特制的装具和设备内，在适宜保管的环境里进行妥善管理。其二，建立科技文件的总登记账和分类登记账。总登记账是科技管理部门按收到或形成科技文件的顺序，记录全部积累袋内科技文件的总清册；分类登记账是科技管理部门按专业、课题、隶属关系（或结构、特征）分门别类记录全部积累袋内科技文件的分类清册。科技文件的总登记账和分类登记账是科技管理部门进行管理和提供利用已积累的科技文件的必备工具。

3. 专门文档管理部门积累

该方式是指由某一机构内专门的文档管理部门，如科技档案室集中统一积累和管理本机构科技活动所形成的或相关单位移交的科技文件的工作思路模式，其积累范围与方法同科技管理部门积累相似。

三、科技文件的组卷

科技档案是由有保存备查价值的科技文件经归档而来。科技文件的归档必须经过一定的整理，使原先以"件"为单位的科技文件，组成科技档案的基本保管单位——案卷，这一工作称为组卷。科技档案案卷是由互有联系的若干科技文件组合而成的档案保管单位。《科学技术档案案卷构成的一般要求》（GB/T 11822-2008）规定了科技文件组卷的原则和方法、科技档案案卷和案卷内文件材料的排列、案卷编目和装订、卷盒及相关表格的规格及其制成材料的质量要求。该标准适用于一般的科学技术档案的案卷整理。专业性较强和非纸质载体科技档案的整理可参照执行。

科技文件整理并组成案卷这一工作，应由科技业务部门或人员具体承担，档案部门或人员履行对其监督检查和业务指导的职责。

（一）科技文件组卷的原则、要求与方法

1. 科技文件组卷应遵循的原则

科技档案组卷应遵循科技文件的形成规律，保持案卷内科技文件的有机联系和案卷的成套、系统，便于档案的保管和利用。

2. 科技文件组卷的总体要求

科技档案组卷的总体要求是：案卷内科技文件应齐全、完整，签章手续齐全完备，载体和书写印制材料应符合档案保护要求。例如，对建设项目档案而言，在项目施工过程中形成的各种测量、验收、检测等文件材料，以及竣工图纸等，都涉及有关参建单位和人员的签章。同时，有些建设项目施工现场情况复杂，有时可能出现施工和监理单位人员在签章中使用铅笔等情况，或出现竣工图纸中的线条和文字模糊淡化无法识别等情况，这些都应在组卷前完善到位。

3. 不同科技文件组卷的方法

针对具体项目的管理性科技文件应放入所针对的项目文件中，按阶段或分年度组卷。例如，某个具体的建设项目，其在立项、各项行政审批、审查等阶段中，会形成针对该项目的、由相关主管部门制发的"红头文件"，成套性管理是科技档案管理的重要特征，因此，这些针对具体项目的管理性文件，应随着具体项目管理，而不作为文书档案实行年度归档，导致文件分散。同样以建设项目前期形成的相关管理性文件为例，可按照立项、各专项审批、动拆迁、招投标等前期各工作阶段组卷。

科研课题、产品、建设项目、设备仪器方面的科技文件，应按其项目、结构、阶段或台（套）等分别组卷。一个科研课题可看作一个项目，采取项目化、阶段化管理和实施，可按项目组卷；产品研制中，应根据产品的结构组卷，例如，从整机到各系统或各专业，再到各部件、零件；一个具体的建设项目可根据项目所处的阶段组卷，例如，前期、竣工阶段和竣工验收阶段等大的阶段，而建设项目中形成的文件一般比较多，规模较大的建设项目可能产生数以万计的科技文件，因此，在大的阶段中，仍可再按子阶段或工作流程组卷；设备仪器一般以台（套）为基本管理单位，因此，设备仪器文件也应以台（套）组卷。

成册、成套的科技文件宜保持其原有形态。例如，建设项目前期，由建设单位委托专业机构编制的工程可行性研究报告、节能报告、初步设计等各种专业材料，或在施工阶段，由施工单位委托专业检测机构进行桩基检测形成的专业报告，通常都是成册、成套的；在购置的一些工艺设备中，如操作手册、用户手册等设备随机文件，也多是成册、成套的，一般应保持其原有形态，而不宜人为拆分或调整。

通用图、标准图可放入相应的某一项目文件中或单独组卷。其他涉及这些通用图、标准图的项目，应在卷内备考表中注明并标注通用图、标准图的图号和档号。例如，在产品研制中的通用图、标准图，可放入某一个产品型号或项目中（可以是最先使用这些通用图、标准图的产品型号或产品基本型号等），其他产品型号或项目如也涉及这些通用图、标准图时，应在卷内备考表中说明其组卷流向，注明其图号和档号。通用图、标准图也可单独组卷，所有涉及这些通用图、标准图的产品型号或项目都应在卷内备考表中说明情况。

产品局部或零部件变更、建设项目和设备仪器在维修和维护中所形成的科技文件，宜采取插卷方式放入原案卷中，亦可单独组卷排列在原案卷之后，并在原案卷的备考表中予以说明和标注。例如，设备仪器的质保维修，形成了维修记录，可插入该设备仪器原案卷中；如形成材料较多，插卷不方便，则可在原案卷后单独组卷，并在卷内备考表中予以说明、标注。

产品升级换代、建设项目后评估、改扩建或重建所形成的科技文件应单独组卷排列。

底图以张或套为保管单位进行整理。

（二）科技档案案卷的排列和案卷内文件的排列

科技文件宜按成套性特点进行案卷排列和案卷内文件排列。卷内文件一般应文字材料在前，图样在后；译文在前，原文在后。例如，某建设项目的某一案卷为建设工程规划许可证及其附图，则应将建设工程规划许可证等文字材料排列在前，建设工程规划许可证的附图排列在后。

案卷内管理性文件按问题结合时间（阶段）或重要程度排列。一般应印件在前，定稿在后；正件在前，附件在后；复文在前，来文在后。例如，一些红头文件或正式发文的管理性文件，应印件排列在前，定稿在后；又如，建设项目档案某案卷中，有关主管机关对该项目工程可行性研究报告的批复在前，建设单位提交的该项目工程可行性研究报告的请示在后；而该项目工程可行性研究的请示，请示正文排列在前，专业机构编制的该项目的工程可行性研究报告这一成册的附件排列在后。

科研类案卷宜按课题可行性研究立项、方案论证、研究实验、总结鉴定、成果和知识产权申报、推广应用等阶段排列。科学研究一般都是围绕具体的课题、项目进行，呈现出项目化管理的特征，如分阶段或流程管理，因此，科研类档案案卷适宜按阶段或流程排列。

产品类案卷宜按产品设计（含初步设计、基础设计、技术设计）、工艺、工装、制造、定型等工作程序，或按其产品系列、结构等排列。产品研制也呈现出项目化管理中阶段化、

流程化管理的特征，因此，可以按产品研制的主要程序排列产品档案案卷；同时，有些产品形成系列的，可按产品系列排列案卷；以具体产品为对象，有形的产品都是按设计的结构所组成，因此，产品档案案卷也适宜按结构排列。

建设项目类案卷宜按项目前期、项目设计、项目施工、项目监理、项目竣工、项目验收及项目后评估等阶段排列。

设备仪器类案卷应按设备仪器立项审批、外购设备仪器开箱验收（自制设备仪器的设计、制造、验收）、设备仪器安装调试、随机文件材料、设备仪器运行、设备仪器维护等阶段或工作程序排列。

一台设备仪器从申请购置或制作，到运行维护乃至报废这一完整生命周期，也会历经不同的阶段或工作程序、流程，因此，某一台（套）设备仪器的案卷，也应按这些阶段或工作程序排列。

（三）科技档案案卷的编目

1. 案卷内科技文件页号的编写

（1）案卷内科技文件以件为单位编写页号，以有效内容的页面为一页。

（2）已有页号的文件可不再重新编写页号。

（3）卷内目录、卷内备考表不编写页号。

2. 案卷封面的编制

案卷封面应印制在卷盒正表面，亦可采用内封面形式。

案卷封面的项目填写要求和方法如下：

（1）案卷题名：应简明、准确地揭示卷内科技文件的内容，主要包括产品、科研课题、建设项目、设备仪器名称或代字（号）、结构、阶段名称、文件类型名称等。

（2）立卷单位：应填写负责组卷部门或单位。例如，对建设项目而言，项目前期和项目验收阶段形成的文件材料，一般由建设单位收集组卷，这些案卷的"立卷单位"即填写建设单位名称；而项目施工文件、监理文件、竣工图等，由施工、监理等参建单位收集组卷后提交建设单位，这些案卷的立卷单位填写施工、监理单位名称。

（3）起止日期：应填写案卷内科技文件形成的最早和最晚的时间，即年、月、日（年度应填写四位数字，下同）。

（4）保管期限：应填写组卷时依照有关规定划定的保管期限。档案保管期限分为永久和定期。定期一般可划分为长期和短期，实行《企业文件材料归档范围和档案保管期限的规定》的单位，应以"标时制"划定定期档案的具体保管年限，如30年、10年。

（5）密级：应填写卷内科技文件的最高密级。例如，某案卷内有一件密级为机密的文件，一件密级为秘密的文件，其余文件均不涉密，则该案卷密级应定为机密。

（6）档号：由全宗号、分类号（或项目代号或目录号）、案卷号组成。

全宗号：须向档案馆移交的档案，其全宗号由负责接收的档案馆给定。

分类号：应根据本单位分类方案设定的类别号确定。

项目代号：由所反映的产品、课题、项目、设备仪器等的型号、代字或代号确定。

目录号：应填写目录编号。

案卷号：应填写科技档案按一定顺序排列后的流水号。

3. 案卷脊背的编制

案卷脊背印制在卷盒侧面，包括案卷题名、保管期限、档号三个项目，其填写方法同"案卷封面的编制"中的有关内容。脊背项目可根据需要选择填写。

4. 卷内目录的编制

卷内目录应排列在卷内文件首页之前。卷内目录的项目填写要求和方法如下：

（1）序号：应依次标注卷内文件排列顺序，用阿拉伯数字依次标示，如1，2，3，4……

（2）文件编号：应填写文件文号或型号或图号或代字、代号等。

（3）责任者：应填写文件形成者或第一责任者。

（4）文件题名：应填写文件全称。文件没有题名的，应由立卷人根据文件内容拟写题名。

（5）日期：应填写文件形成的时间，即年、月、日。

（6）页数：应填写每件文件总页数。

（7）备注：可根据实际填写需要注明的情况。

（8）档号：填写方法同"案卷封面的编制"中有关内容。

有些情况下，卷内目录不须编制过细，例如，某建设项目档案中一个案卷，内容是某分项工程的验收记录及该分项工程下197个检验批的验收单，这些检验批验收单都是规格统一的标准化单页表单，每一件仅是验收部位等的不同，且分项工程验收记录本身也对其检验批具有一定的汇总索引功能，如将这197个检验批一一罗列到卷内目录中则过于冗长，对检索利用的便利性提升也不大，因此，可灵活地将197个检验批的验收记录单作为一个文件整体，拟写文件题名，将有关要素揭示清晰即可。

5. 卷内备考表的编制

卷内备考表应标明案卷内全部文件总件数、总页数以及在组卷和案卷提供使用过程中需要说明的问题，其应排列在卷内全部文件之后，或直接印制在卷盒内底面。卷内备考表的项目填写要求和方法如下：

（1）立卷人：应由立卷责任者签名。

（2）立卷日期：应填写完成立卷的时间。

（3）检查人：应由案卷质量审核者签名。

（4）检查日期：应填写案卷质量审核的时间。

（5）互见号：应填写反映同一内容不同载体档案的档号，并注明其载体类型。所谓互见号，是指反映同一内容但另行保管的其他载体档案的档号。设立互见号的目的是能够便捷地查找到反映同一内容的其他载体形式的档案。对纸质档案而言，应与对应的非纸质载体档案设立互见号。

（6）档号：填写方法同"案卷封面的编制"中的有关内容。

6. 案卷目录的编制

案卷目录的项目填写要求和方法如下：

（1）序号：应填写登录案卷的流水顺序号，同卷内目录的序号填写方法一致，用阿拉伯数字依次标示，如1，2，3，4……

（2）档号、案卷题名、保管期限三个项目，其填写方法同"案卷封面的编制"中的有关内容。

（3）总页数：应填写案卷内全部文件的页数之和。

（4）备注：可根据惯例需要填写案卷的密级、互见号或存放位置等信息。

（四）科技档案案卷的装订

案卷内文件可整卷装订或以件为单位装订。以件为单位装订的，应在每件文件首页空白处加盖档号章。档号填写方法同"案卷封面的编制"中的有关内容，序号填写方法同"卷内目录的编制"中的有关内容。

案卷内超出卷盒幅面的各类科技文件、图纸应叠装，图纸按《技术制图复制图的折叠方法》（GB/T 10609.3–2009）要求折叠。破损的科技文件应修复。

（五）卷盒、表格规格及其制成材料

卷盒外表面规格为310 mm×220 mm。脊背厚度可根据需要设定，如10，20，30，40，50，60 mm。卷盒宜采用220 g以上的单层无酸牛皮纸双裱压制。

案卷目录、卷内目录、卷内备考表规格为297 mm×210 mm（A4纸张尺寸），表格宜采用70 g以上白色书写纸制作。表格内字迹应清晰端正。

四、科技档案的整理

档案整理是档案工作六大环节之一，是开展档案工作的重要基础环节，它是档案部门为方便档案的保管与利用，遵循一定的规律与原则，对接收的档案进行条理化和系统化整理、分类、排列与编目的过程。科技档案整理亦是如此。科技档案整理工作包括系统整理和科学编目两部分，其中，系统整理包括对档案进行分类和排列；科学编目包括编制档号和案卷目录，将经过系统整理的档案固化，编制检索工具和进行著录，揭示科技档案的内容和构成。科技档案整理工作是科技档案进入档案部门后的首次处理过程，是科技档案进入保管状态的标志，也是科技档案科学管理的基础。本章第三节根据《科学技术档案案卷构成的一般要求》（GB/T 11822-2008）讨论科技档案组卷时，已对科技档案案卷和案卷内文件排列，及案卷目录、卷内目录编制等编目工作进行了解读，故本节不再对这部分内容进行讨论。

（一）科技档案的分类

1. 科技档案分类的界定

科技档案的分类，就是根据科技档案的内容性质和形成特点，把一定范围的科技档案划分为不同的类别层次，从而形成具有一定从属关系和平行关系的不同等级的科技档案库（馆）藏系统。

从广义上来说，科技档案分类包括三种：一是科技档案种类的划分，这是对科技生产活动中形成的科技档案按一定分类标准进行的划分；二是库（馆）藏内或专业系统内科技档案的实体分类，其与科技档案种类的划分既有联系也有区别，它是科技档案种类划分基础上的进一步划分，直至划分到科技档案保管单位——案卷为止，该分类是为解决库（馆）藏科技档案的实体排列问题；三是科技档案内容的分类，是在实体分类基础上，按主题对科技档案的内容重新分类，用于编制专题目录、主题目录等检索工具。对一个立档单位而言，科技档案的分类也是该单位全部档案分类的组成部分，因此，科技档案分类工作应在本单位档案整体分类工作的框架下实施。

而科技档案分类方案，就是通过文字、数字、代号或图表的形式，形成本单位科技档案类别的划分、排列及其纵横关系的体系，它是对科技档案实体进行分类的依据文件。各单位应根据自身科技生产活动实际，对本单位形成的科技档案，编制一个科学的、切实可行的分类方案。科技档案分类方案不仅对指导科技档案分类工作有重要作用，而且通过分类方案可了解库（馆）藏科技档案的内容构成和组织体系，便于科技档案的科学管理和开发利用。

2. 科技档案分类方案的组成结构

由编制说明、类目表、类别号三部分组成。

（1）编制说明。编制说明是科技档案分类方案的前置部分，是对科技档案分类方案的编制目的与原则、分类依据、体系结构、类目设置与标志，以及档案的实体排架等若干问题的解释，是科技档案分类方案的使用指南。

（2）类目表。类目表是分类方案的主体部分，由纵向类目和横向类目构成的，它将本单位科技生产活动中形成的全部科技档案按类目进行划分排序，并以图表的形式表示出来，类目表能够反映出本单位全部科技档案的类目体系。类目表有三种形式，即分类体系

表、分类类目细分表、分类主题词表。

（3）类别号。确定对科技档案进行类别标志的代字、代号，并对档案排列方法做一说明。

3. 科技档案分类方案编制的要求

第一，要保证科技档案分类方案类目体系的严整性。科技档案分类方案的类目体系是分类方案的主体，是各级类目构成的一个横向和纵向关系的等级系统。横向表现了各级同位类的并列关系，形成了各级"类别"；纵向表现了上位类和下位类之间的从属关系，构成了一个个"类系"。

第二，科技档案分类方案类目体系要体现可包容性。科技档案分类方案必须具有足够的容量，其类目设置要能够体现和容纳本单位科技档案的全部内容，使每一种和每一部分科技档案都能在该分类方案的类目体系中找到自己的应有位置，并力求简明易懂，便于检索。

第三，要保持科技档案分类方案的相对稳定。档案分类关系到档案管理工作的全局，一旦变化则牵一发而动全身，引起档案管理工作的一系列变化，有些工作甚至可能推倒重来，从头做起，因此，科技档案分类方案应具有更长的适用期，一经确定，必须保持相对稳定。

4. 科技档案分类方案编制的方法与步骤

第一，调查研究。要熟悉关于科技档案分类的规则、理论、方法和有关文件，研究和掌握本单位科技档案的内容构成和形成特点。

第二，形成类目体系。可根据库（馆）藏档案的基本种类和诸如企业档案分类方法等设置科技档案的主要门类（如建设项目类、设备仪器类），划分其属类，进行类目排序，形成本单位科技档案类目体系。

第三，确定类别号。为每个类目设置相应的、固定的代字或代号。需要注意的是，同位类的类别号不能重复。

第四，制成文件或图表等形式。将形成的企业档案类目体系用文字叙述或图表的形式表达出来。类目表现形式主要有三种：图示法、表格法、缩行法。

第五，撰写说明。指出本科技档案分类方案的编制依据、分类标准、类目代字或代号的使用方法等内容。

5. 科技档案分类的原则与方法

档案分类就是根据本单位职能及其档案的来源、时间、内容、特点、形式和相互联系等，把一个立档单位形成的全部档案按照一定的准则分门别类，形成互相具有从属关系和平行关系的有机系统，达到便于科学管理与检索利用的目的。对本单位档案进行科学分类是档案整理工作的一项核心内容，包括确定分类方法、制订分类方案、编制分类号。档案分类的质量很大程度上取决于分类方法是否科学合理。类目设置应涵盖本单位档案全部内容，并保持相对稳定，还应留有一定余地。分类号应力求简明扼要，方便实用。档案分类方案的分类规则是：同位类之间互不相容；各子项之和必须穷尽母项；同位分类必须按同一标准进行；分类必须按层次进行不能跳跃。

作为本单位所有档案组成部分的科技档案，其分类工作也应遵循以上分类规则，其分类基本方法主要有以下四种：

（1）按职能分类，指按照职能分工划分科技档案类目。各单位多将职能分类应用于本单位档案一级类目（大类）的设置，例如，工业企业一般可按照《工业企业档案分类试行规则》设置经营管理、生产管理、行政管理、党群管理、产品生产、科研开发、项目建设、设备仪器、会计业务、干部职工等 10 个一级类目。其中，产品生产、科研开发、项目建设、设备仪器就是科技档案中常见的 4 个一级类目。也可根据自身特殊情况，在上述 10 个一级类目的基础上适当增减，如气象、水文观测单位可设置气象观测、水文观测等专业性较强的科技档案一级类目。

（2）按专业分类，指按照档案内容涉及和反映的专业性质划分科技档案类目。一般适用于产品、设备、基建、科研等科技档案二级及以下类目的设置。

（3）按型号分类，指按照产品或设备的种类与型号划分科技档案类目。按照型号进行分类，能够使同一型号产品或设备仪器的档案材料集中地反映出其全貌及内部结构的关系。

（4）按项目分类，指按照独立的项目划分科技档案的类。按照项目进行分类，是以各个独立的项目为分类单元，将同一项目的档案成套地集中在一起，使其能够全面、系统地反映该项目的全部活动内容和过程。一般适用于科研、基建等科技档案的分类。

在分类工作的实际应用中，不同层级可采用不同的分类标准，例如，一级类目按职能分类设置了基建类档案，而基建类档案的二级类目可按项目分类，每个项目的三级类目还可按专业分类，可综合几种分类标准灵活运用。

结合以上分类方法，一般而言，产品档案二级类目应按产品的种类或型号来设置，科研档案二级类目应按课题性质或课题来设置，建设项目档案二级类目应按工程性质或工程项目来设置，设备仪器档案二级类目一般按设备仪器种类或型号设置。

科技档案的分类要根据本单位的具体情况，综合考虑包括单位性质、主要的科技生产活动、科技档案种类和数量等各种因素。同时，科技档案分类层次的确定也应如此，对规模较小、科技档案数量不多的单位，可适当简化分类层次，可仅设置一、二级类目；反之，规模较大、科技档案数量较多的单位，科技档案分类层次应多一些，可设置到三级甚至四级类目。而同一立档单位不同门类的科技档案，因工作性质、任务及档案数量的不同，分类层次数量也可有所区别，例如，某一市政建设企业，其设备仪器类档案设置一、二级类目，但基建类档案设置到三级类目。

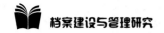

6.科技档案类别号的编制

类别号即档案类目号，是表示档案类别的一组代号。编制科技档案类别号，就是根据本单位科技档案分类所划定的类目层次，对各级类目给定一个特定的字母或数字，并用一定的间隔符号标明其各级类目层次关系的过程。类别号主要的作用，一是标明档案的分类层次；二是反映科技档案分类各级类目的内容；三是固定类目在分类层次中的位置和排列顺序；四是在组织科技档案分类目录时，固定各级类目在目录中的位置与排列顺序。

科技档案类别号的编制方法并未有统一要求，以下两种标志方法可在工作中参考：一是采用汉语拼音或英文字母和阿拉伯数字相结合的混合编号方法，即基本大类或二级类目采用汉语拼音或英文字母标志，用汉语拼音或英文字母顺序反映类目顺序，二级或三级以下的类目采用阿拉伯数字标志，用数字的位数反映类目层次；二是采用阿拉伯数字统一编号方法，即统一采用阿拉伯数字来标志科技档案分类中各级类目的级位和排列顺序。

实际工作中，混合编号方法使用较为普遍。例如，一级类目的基建档案、科研档案、产品档案、设备档案分别以 A，B，C，D 作为标志，基建档案的二级类目为建设项目种类，其中的公路类建设项目用 A2 作为标志，其三级类目为各具体的建设项目，分别用 A2.01、A2.02、A2.03……或 A2-01、A2-02、A2-03……作为标志。

对企业而言，2003 年，国家档案局印发《关于企业执行〈科技档案案卷构成的一般要求〉和〈归档文件整理规则〉的意见》，对企业档案立卷改革工作提出了一些具体要求，其中，对年度归档数量较少的企业可将党群管理、行政管理、经营管理、生产技术管理等四大类合并为一大类，暂称"管理类"。自此，为便于企业档案与机关档案档号的统一标志，尤其是为便于企业档案进入综合档案馆后的统一管理，企业档案类别号发生了一些变化。目前，企业档案一级类目号多采用其类目中有代表性的两个汉字的大写汉语拼音字母编制，即管理类档案用 GL、会计档案用 KJ 标志，其中，产品类、科学技术研究类、基本建设类、设备仪器类等四类常见科技档案，分别用 CP、KY、JS、SB 标志。这四类常见科技档案，如其项目或型号有代号的，则优先采用项目代号或型号代号编写二级及二级以下类别号，如项目或型号没有代号的，则采用阿拉伯数字编写。

（二）科技档案档号的编制

档号亦称档案号，是档案部门在整理和管理科技档案的过程中，以字符形式赋予科技档案实体的一组代码，即科技档案保管单位的编号。档号是存取科技档案的标记，具有固定科技档案分类排列顺序、统计和检索科技档案的作用。档号编制应坚持唯一性、合理性、稳定性、扩充性和简明性的原则。

1.科技档案档号的编制要求

第一，结构清晰、位置固定。档号结构应清晰，位置应保持固定，以便识别，根据需要还可适当增加其他内容，具有一定的扩充性。

第二，含义明确、指代唯一。代字要具有专指性，一个代字不能同时代表两个特征。

第三，位置醒目、标志清晰。档号印迹应清晰，在案卷上的标志位置要醒目，便于查找。根据《科学技术档案案卷构成的一般要求》（GB/T 11822-2008），一般应在案卷封面的左上角和案卷脊背上同时标明，这样，案卷无论平放或立放，档号都能显示。

2.科技档案档号编制的具体方法

档号编制应按照《档号编制规则》（DA/T 13-1994）的要求，选择适合本单位档案分类的标志方法，与本单位档案分类方案配套使用。对科技档案而言，其档号的基本结构为：全宗号－类别号－案卷号，具体可采用：[全宗号－]分类号（或项目代号、目录号）－案卷号（或盘、盒、张号），其中，"[]"表示可选项目。档号中左边为上位代码，右边为下位代码，连写时，上、下位代码之间用"－"（短横线）相隔。

（1）全宗号。

全宗号用四位代码标志，第一位用汉语拼音字母标志全宗属性，后三位用阿拉伯数字标志某一属类全宗的顺序号。对非档案馆的一般立档单位而言，例如企业，全宗号是由企业根据对所属单位集中统一管理档案的需要和企业产权变更情况自行设定。在编制全宗号时，全宗属性可以确定为法人单位的代字。

全宗编号一般有三种：①按全宗进馆先后顺序编号；②按全宗分类编号；③按全宗重要程度编号（此方法慎用）。

（2）类别号。类别号是库藏科技档案类别的代码，应根据科技档案分类方案设定的类别号确定。类别号可包括项目号，项目号是产品、课题、工程、设备等档案的代字或代号。

（3）案卷号。案卷号（或盘、盒、张号）是案卷或光盘、磁带、照片等排列的顺序号（流水号）。

第四节　特殊载体档案管理

自从中国发明造纸技术之后，纸质文件与档案逐渐取代了以甲骨、金石、简牍、泥板、纸草等为载体的古代文书，几乎处于"一统天下"的地位。然而，社会的发展和科学技术的进步，特别是现代高科技的迅速发展，对人类社会生活的各方面产生了巨大影响。就档案领域而言，照片、录音、录像及电子文件等已经大量涌现，打破了纸质档案"一统天下"的局面而成为国家档案的重要组成部分。

一、音像档案管理

（一）音像档案及其特点

音像档案是指国家机构、社会组织以及个人从事政治、经济、科学、文化、教育、军事等活动中形成的，对国家和社会有保存价值的，以音响、图像等方式记录信息并辅以文字说明的特殊载体。

音像档案的特点主要包括：

一是直感性强。音像档案主要是以音响和图像的形式记录人们从事各种社会活动的。人们通过音像档案犹如"身临其境"，可以闻其声，见其人、事、物。因此，音像档案直感性的特点十分明显，也是最主要的特点。

二是形意结合。形指形象，即人和其他事物的物理形象和音响形象；意是指文字的表意。音像档案是音像记录与文字说明的组合体，光有音像记录而无文字说明还不是完整意义上的音像档案，只有形意结合才能完整、准确地记录和反映社会活动的历史面貌。

三是易复制性。和纸质档案相比，音像档案如胶片、磁带、磁盘、光盘等，在现代技术条件下，复制越来越容易，越来越逼真。这种特点一方面有利于文件的传递与档案的广泛利用，另一方面也会出现档案的失真甚至盗版。因此，认真区分音像档案的原件与复制件，维护档案的原始性，是十分必要的。

（二）照片档案的管理

1. 照片档案的构成及种类

照片档案是国家机构、社会组织及个人在社会活动中直接形成的，有保存价值的以感光材料为载体的图像资料。

照片档案主要由底片、照片及文字说明三部分构成：①底片。分为原底片与翻版底片。原底片是照片的最原始材料，也是照片档案中的重要部分。翻版底片，又称复制底片。复制底片的目的，一是保护原底片，二是补充缺损或遗失的底片，并将其作为照片档案保存。②照片。它是通过底片洗印而成的。一般情况下，归档的每张底片均附有一张照片。在底片损坏或遗失时，还可以根据照片翻制。③文字说明材料。主要是指照片题名和概括揭示照片所反映的自然与社会历史背景的文字材料。因为照片上的形象或图像反映的人物或事物只是一些片段，作为历史记录虽然直观，但有一定的局限性，尤其缺少照片形成的背景状况，因此需要文字说明加以补充。

照片档案的种类很多，可以从不同角度进行分类。这里只从照片的体裁角度做如下区分：①新闻照片档案。指已经选编并办理审批手续，完成新闻报道任务后，对今后具有连续宣传价值和查考利用价值的新闻照片及其文字说明材料。②科技照片档案。指记录和反映科技活动的照片资料。③艺术照片档案。指经过对摄影造型艺术照片筛选而成的照片资料。包括人物照片档案、风景照片档案、花卉照片档案、动物照片档案，以及经过加工的历史文物照片档案、工艺美术照片档案等。

2. 照片档案的收集

（1）照片档案收集工作的内容主要包括：①机关档案室接收本单位各部门需要归档的照片档案。②档案馆在接收现行机关或撤销机关档案时，一并接收照片档案。③档案室（馆）对零散的具有保存价值的照片档案予以征集或征购。

（2）照片的归档范围，应以反映本单位工作活动为主并具有一定的参考利用价值。具体的照片资料包括：①本单位在工作活动中产生的具有凭证和参考价值的照片。②领导人物或著名人物参与某单位、某地区重大公务活动的照片。③反映本地区重大事件、重大事故、自然灾害及异常现象的照片。④本单位向有关单位提出内容和要求，组织拍摄或征集的照片。⑤与本单位的其他载体档案有密切联系的照片。⑥外单位形成但经本单位选用的照片。⑦其他有保存和利用价值的照片。

（3）照片档案的收集方法。根据档案部门收集照片档案的实践经验，总结了七个"结合"的方法：①档案业务管理部门与有关行政部门工作相结合，调动有关部门的积极性。②档案室（馆）收集照片与清理积存照片相结合，明确收集的重点单位。③向机关、组织征集与向个人征集相结合，取得单位与个人的积极支持。④档案部门自己收集与争取兄弟单位协助收集相结合，拓宽收集工作的渠道。⑤全面收集与重点收集相结合，以重点带动一般。⑥无偿收集与有偿征集相结合，区别情况，分别对待。⑦收集历史照片与现实照片相结合，多渠道、多层次进行收集。

3. 照片档案的整理

（1）照片档案的分类。

底片与照片应采用不同的分类方法。

第一，底片的分类。按制成材料分类，分为软质底片、硬质底片；按内容分类，即按底片所反映的问题、剧目、工程、项目、产品类型等进行分类；另外，还有按底片尺寸大小分类和按年度分类。对于底片数量少的单位，底片也可以不分类，而按其形成或收到的先后次序流水编号即可。

第二，照片的分类。一般按照片所反映的内容或专题进行分类。具体做法是在全宗内按年度－内容分类。照片档案数量较多的单位，也可以从摄影的目的、记载的内容和表现形式，划分记录性照片和艺术性照片两大类。

（2）照片文字说明的编写。

照片的文字说明包括事由、时间、地点、人物、背景、摄影者六个要素，编写时应综合运用这六个要素，概括性地揭示照片反映的内容信息。单张照片的说明在照片正下方书

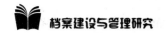

写，也可以在左、右侧书写。大型照片的文字说明可另纸书写，与照片一同保存。

（3）照片档案的立卷与编目。

一般情况下，一项内容的照片立为一卷，内容相近的也可组成一卷，每卷不宜超过30个芯页。因照片数量少，一个单位一年的照片也可组成一卷。卷内照片的排列一般按重要程度或时间顺序进行。

照片的编号，应先编每卷的卷号，再编写卷的页号，再编卷内照片的序号。照片的分类号、底片号、参见号应在文字说明栏中写清，最好在每张照片的背面也写上述各种号码，以便查找利用。

立卷之后应填写卷内目录、卷内备考表以及案卷目录。

底片较多的单位，应将底片编号登入目录登记簿。一张底片或一组密不可分的底片为一个保管单位，编一个底片号，它是按收到（或发出）的先后次序编写的。底片目录登记簿的项目有分类号、底片号、简要内容、拍摄者、拍摄地点、拍摄时间、底片数量、技术状况、底片来源、收到或发出日期、备考等。

对于接收或移交来的相册，不要轻易拆开，而应经过简单登记入册与整理加工，注明形成单位、时间、数量、作者和相对应的底片号。

4.照片档案的考证与价值鉴定

照片档案，一般在拍摄、冲洗及印、放过程中就已经过选择。因此，对保存下来的照片档案的保管期限，一般应以划为长期或永久保存为宜。

对于照片档案价值的判定，除了使用档案鉴定的一般标准外，可重点考虑以下四个因素：照片形成的年代、照片反映的内容、照片的制成材料、照片的技术质量。

对于年代久远、难以准确判定的照片档案，可通过如下方法进行考证：通过文字档案与史料鉴别、通过调查询问鉴别、实地考察鉴别、对照比较鉴别等。

5.照片档案的保护

（1）库房要求。

照片档案，尤其是底片档案，对库房的要求比较严格，除有条件的单位应建造符合《照片档案管理规范》要求的专用档案库房外，一般单位也应选择专用房间，使用专门的箱柜存放照片档案。对于存放底片的房间，应控制室内昼夜温度变化在 ±3℃，湿度变化在 ±5%，其他还有防火、防尘、防光、防污染等要求。

（2）装具要求。

底片和照片不应装入同一纸袋内，以免底片受潮时与照片黏合。保管底片可采用活页本装袋办法，每本若干页，正反两面都可装底片。彩色底片与黑白底片装入不同纸袋收藏，另行编号，顺序排列。

照片档案的装具，由于过去没有统一的要求，各地各单位做法不一，有使用普通相册的，有自制相册的，有仿照文书档案规模自行设计相册的。现在应按《照片档案管理规范》要求自制或直接从厂家选购符合国家标准的《照片档案册》和《照片底片册》。

6.照片档案的提供利用

照片档案具有形象直观、审美性与易传播性的特点和优点，因此被人们广泛地利用。档案部门提供利用照片档案的具体方式主要有借阅与复制、举办展览、咨询和宣传、编辑出版照片画册等。

（三）录音、录像档案的管理

录音、录像档案，主要有唱片、磁带录音与录像等。

1.唱片档案管理

传统的唱片是一种用机械录音方法记录声音的塑制片，片上刻有按声音振动规律而相应弯曲的螺旋形槽纹，即声槽。唱片放在留声机或电唱机上旋转时，沿着槽纹滑动的唱针尖端发生机构振动，通过唱头还原为声音或转换为电信号。随着科学技术的发展，现在又产生新一代的激光电视唱片。这里讲的唱片是指传统的唱片。

唱片档案主要产生于文化、艺术、教育和科研部门，其构成包括：录音片（蜡片或胶片）、金属模版、文字材料。基本按制成材料分为金属模版与唱片两大类，分别整理保管。金属模版可按版次分别入库，也可按生产时的片号、版号分类排列保管；唱片可按片种（粗纹、密纹、立体声）、规格（尺寸、胶版、薄膜）、内容分类。唱片档案应附有文字记录材料，报告要有原文，音乐、戏曲应有唱词、乐谱等。唱片模版与唱片各有其特性，因此应采用不同的维护方法。

唱片模版是由金属电铸而成，其维护主要是防止金属的腐蚀。方法包括：①使用缓蚀剂，延缓唱片模版被腐蚀的过程；②用去氧包装，将唱片模版密封存放；③使用防腐剂，提高唱片模版的储存质量。

唱片的维护方法主要包括：

第一，清洗。唱片要保持清洁，如果发现唱片表面积有尘土，可用刷子或绒布轻轻擦拭。如有条件，再用蒸馏水冲洗，水干后唱片装入封套。

第二，防尘。使用过的唱片要用透明塑料袋装起来，再装封套，封套内保持清洁。唱词等文字说明材料不要和唱片紧贴在一起，可放在封套与塑料袋之间。

第三，防潮。唱片遇冷变硬，受潮易发霉，因此应将唱片放在干燥通风处，室内湿度保持在45%～65%之间。如果唱片出现轻度发霉，可用含有工业酒精50%和蒸馏水50%的溶剂洗涤。

第四，防热。唱片遇热会变软，严重受热时甚至会使声槽变平，失去性能，因此唱片宜存置在阴凉处，室内温度以15～25℃之间为宜。

第五，竖放。唱片要竖放在架上，并适当夹紧，防止因松散倾斜而变形。

2. 磁带录音与录像档案管理

磁带录音与录像档案是利用磁记录技术形成的音像档案，是磁记录档案的重要类别。其他的磁带档案还包括：①仪用磁带档案。多被工业部门作为记录和重放的工具，如记录物体的温度、电磁场、振动、波动和辐射线等。②数字磁带档案。即用来记录由存储信号转换而成的二进位数形式的磁带。主要用于电子计算机、数字计算和传输，在通信技术中占有重要地位。

另外，还有不同磁带记录的磁记录档案，如磁盘、记忆磁芯、磁泡、磁卡与磁鼓等。作为磁记录档案保存的磁盘，是可以从硬件设备上分离下来的，那些不能从磁头磁盘组合件内分离出来的某些硬盘不能成为档案。

磁性材料在记录和保存信息上相比纸张材料有许多优点，但磁记录材料对机械振动、温度、电磁场及灰尘等环境因素十分敏感，不适宜的保存环境、不正确的使用和处理方法都有可能损坏磁性材料而使信息被抹掉。因此，必须加强对磁记录档案的维护。这里仅针对磁带录音、录像档案提出一些管理的基本原则与方法：

（1）归档。电台、电视台等新闻媒体、文化、艺术、体育、教育、出版等单位，产生录音、录像材料较多。因此，记者、编辑及有关人员应将采访或工作中录制的各种素材，经过编辑加工，同有关登记单、审查表一并送交有关领导审定。送审表上应注明节目来源、节目内容、录制地点、原录日期、复制日期、音像效果、机速、时间以及过去消磁情况等。经审批的音像材料及相关文字说明才能归档。在录音、录像档案不多的单位，档案部门还要通过各种方式开展经常性的收集音像材料的工作，注意本单位重要的社会活动，及时收集应归档的音像材料，防止在未经审查与批准的情况下，把反映本单位基本活动面貌的磁带予以消磁，造成不可弥补的损失。

（2）验收。在接收音像磁带时，首先应检查登记表中的各项内容是否填写清楚，手续是否完备；其次是根据登记表上各项内容视听，核对内容和技术状况。

（3）分类。在产生录音、录像磁带较多的单位，可以按其内容进行分类，通常按政治、经济、文学艺术、科学、教育等分为若干类别。如果数量多，有必要再分属类。分类应将永久性保留的与临时性的分开，将机密的与一般的分开。

（4）编目。档案馆（室）对验收并须分类入库的音像磁带，应登记入册。登记项目有编号、收到日期、录制日期、内容、责任者、录制单位、录制地点、放送时间、技术状况、数量、备注等。

（5）鉴定。在录音、录像档案形成较少的单位，主要把好消磁关。如认为确有必要消磁，须征求业务部门意见，并送领导审批，在登记目录中注销。在音像档案较多的单位，对那些具有长久保存价值的磁带，最好将其复制成唱片模版，以便长久保存；有些磁带内容重要，可以复制保存；有些已失去保存价值的，经过审查批准，可以消磁。所有磁带在保管一段时间后，都要进行复查。

（6）保护。主要应采用如下措施与方法：①保持适宜的温湿度。库内温度应保持在15 ~ 25 ℃，相对湿度以保持在45% ~ 60% 为宜。为此，库房内应安装空调和温湿度测量仪器，以便随时记录数据，及时调整室内温湿度。②磁带应卷绕平整，不能有折皱、弯曲，防止带体损坏。③磁带应定期复制与转绕。为使磁带上的信息保存，必须定期转录。可以根据磁带保存情况，5 ~ 10 年转录一次，长期保存的磁带6 ~ 12 个月重绕一次，其目的是释放磁带内部压力，并定期检查，发现问题，及时解决。④磁带要竖放。磁带应竖直放在专用的磁带架上，可使其受力均匀，避免磁带卷边或变形，让磁带的重心落在带盘芯上，可以避免因卷绕松弛造成磁带横向损伤。⑤保存与使用磁带的处所应避免靠近磁场，以防磁带退磁或磁化，造成信号失落。

另外，存放磁带处应避免强日光照射，以免有损磁层稳定性，造成信号衰减。

二、电子档案管理

随着电子计算机技术及相关的信息技术的迅速发展和广泛利用，机关、团体、企业、事业单位在其社会活动中形成了不断增多的电子文件。因此，电子文件的处理及电子档案的管理已经成为文书、档案工作者不容忽视的一项新的任务。我们既要看到电子文件与电子档案有文件与档案的"遗传"，因而传统的文件与档案管理的原则与方法对它们还有适用的方面，当然更应该看到电子文件与电子档案是文件与档案在新技术条件下的"变异"，因而在管理的技术方法上又与传统的档案管理有不同之处。

（一）认识电子文件与电子档案

电子文件是以代码形式记录于磁带、磁盘、光盘等载体，依赖计算机系统存取并可在网络上传输的文件。

电子档案是具有保存价值的、已归档的电子文件，以及相应的支持软件、参数和其他相关数据。

从上述定义可知，作为电子文件与电子档案应该具备三个基本要素：一是用计算机生成和读取，二是用数字代码记录信息，三是符合"文件"与"档案"的要求。

目前，电子文件与档案所采用的存储介质主要有磁盘（硬磁盘、软磁盘）、磁带和光盘。

1.电子文件的主要类型

根据电子文件的信息存在形式和用途，大致可分为以下四种类型：

（1）文本文件。文本文件是在计算机上使用文字处理软件在磁介质上生成的文件。文本文件是通过特定的编辑软件生成的，存储内容由 ASCII 标准代码（美国标准信息交换码，也是目前国际上最通用的字符编码）和 GB 2312–80 标准汉字代码构成。

（2）命令文件。命令文件是指为处理各种事务用计算机语言编写的程序，通常称为"计算机软件"。软件是计算机的灵魂，如果没有计算机软件，计算机什么都干不了。软件不像硬件那样看得见，摸得着，它是无形的东西（实际也有承载的有形载体），是指挥和控制计算机工作的程序和程序运行所需的数据，还包括有关的文档，即各种软件的说明资料。计算机软件包括系统软件和应用软件两种。系统软件是由计算机生产厂家提供的为管理和控制计算机各种资源，使之正常运行的一些基础软件，主要包括操作系统、文字处理程序、计算机语言处理程序、数据库管理程序及一些工具软件。应用软件是用户或厂商根据自己的业务需要而使用系统软件开发出来的各种软件，它是为解决各种实际问题而编制的计算机程序，具有很强的实用性。

（3）图像文件。图像文件包括计算机辅助设计（CAD）中产生的设计模型、图纸和使用扫描器录用的照片、图像等。图像文件是通过专用的程序录制、存储的，用不同的图像处理程序生成的照片、图画类图像文件，由于格式不同而不能交换使用，须使用格式转换软件进行转换后才可以显示。彩色图像文件一般是用表示图像像素的代码形式存储的，是否能复现原色彩还与显示器的性能有关。

（4）数据文件。数据文件一般是以数据库的形式存在的。一个数据库由若干记录组成，一个记录由若干字段（数据项）组成。数据库因管理程序不同而具有不同的格式，一般来说，不同的数据库之间需要通过转换程序才能进行信息交换。数据库的生成一般有两种方式：一是人工输入数据，利用相应的数据库应用程序形成数据库；一是使用条形码扫描器、A/D 变换器等传感设备自动采集数据。此外，使用已有的数据借助某些软件包也可自动生成新的数据库。在实际工作中，机关、企业、事业单位形成的各类信息都要建成数据库，如中共中央文件数据库、政策法规数据库等。

电子档案是由电子文件转化而来的，因此电子档案的类型主要也是上述的四种。

2. 电子文件与电子档案的主要特点

第一，信息的非人工识读性。与可人工识读的纸质等载体档案不同，电子文件与档案使用磁介质与光介质，其数字式代码是人工不可识读的，只有借助计算机解码，才能转换成人可识读的记录。

第二，信息存储的高密度性。磁盘、磁带，特别是光盘，其存储密度都大大高于以往的各种信息介质。例如一张 5 寸光盘的存储量，从理论上讲可存储数十亿个汉字，以图像方式存储信息时，可存储 A4 幅面的文稿 30 万 ~ 40 万页。应用信息压缩技术，光盘存储图像文件的能力可增加 10 倍之多。

第三，信息与载体之间的可分离性。纸质等载体的文件（档案），信息被固定在某一载体上，而电子文件（档案）中的信息不一定具有固定的物理位置，可以以非实体形态进行加工和管理。这种特点造成电子文件（档案）信息易于更改且不留痕迹，易于复制且分不出原件与复制件，易于传输，通过网络实现异地调阅或形成文件。

第四，多种信息媒体的集成性。以往的文字档案、照片档案、录音档案、录像档案等，一般只能记录一种或两种信息媒体。使用多媒体计算机，可把文字、图像、动画、音响等不同媒体形式的信息记录在同一份文件上，使其音像并茂，给人身临其境的感觉。

第五，系统依赖性。纸质等载体的档案基本靠人工管理，而电子文件与电子档案的管理则必须借助于计算机的硬件系统和软件系统，而硬件与软件的性能对文件处理、档案管理的质量和效率具有直接的影响。

（二）电子文件的收集

1. 电子文件的收集方式

（1）归档与接收。归档是指机关档案室将各部门具有查考利用价值的电子文件收集起来统一保存。接收是指档案馆将各机关形成的具有长久保存价值的又应进入该馆的电子文件接收进馆统一保存。另外，在档案馆的征集工作中也会获得捐赠的或购买的电子档案材料。

（2）磁盘归档与网络归档。电子文件的传递有介质传递和网络传递两种，因而使电子文件的归档从技术上分为磁盘归档和网络归档两种方式。在机关单位，各部门将自己形成的电子文件存储在软磁盘、磁带或光盘移交档案室保存即是磁盘归档；在各部门与档案室联网的机关单位，各部门通过网络传输到档案室，或按照要求加工后进入网络规定的地址，供本机关各部门查阅。档案馆的接收也有磁盘接收与网络接收两种方式。

2. 电子文件的归档范围和时间

首先应执行国家档案局关于《机关文件材料归档和不归档的范围》的规定和其他有关科技文件、专门文件归档范围的规定，其次应根据电子文件的特点确定其归档范围。

（1）在行使本机关职能以及行政管理、业务活动中形成的各种文本文件。重要文件如需保留草稿，在修改时应保留原文，加版本号后积累，将草稿和定稿一并归档。

（2）利用计算机辅助设计（CAD）、辅助制造（CAM）、检测、仿真实验等技术形成的具有查考利用价值的数据文件、图形文件和模型文件。

（3）本机关制作的各种数据文件，如数据库、图形库、方法库等。

（4）与本机关制作的文本文件、图形文件、模型文件、数据文件有关的命令文件，如计算程序、控制程序、管理程序等。

（5）设备运行所需要的操作系统工程。

（6）与电子文件有关的各种纸质文件，主要有两类：一类是产生电子文件所使用的计算机硬件说明性文件，如计算机技术说明书、图纸、使用说明书、操作手册等；另一类是在电子文件形成过程中产生的纸质文件，如系统设计任务书、说明、程序框图、测试分析报告、技术鉴定材料等。

电子文件的归档时间可与纸质文件相同。管理性文件在次年初归档，技术文件在项目完成后归档。

3. 电子文件归档的要求

（1）完整齐全。凡是归档范围内的文件均应及时归档，不得分散保存。如果档案室使用一次写入式光盘作业存储器时，因一次写入后无法改写，若归档文件有遗漏则无法插写，只能另存于其他光盘中，待复制时再做调整。所以应力求当年归档齐全，减少漏归现象。

（2）真实有效。凡归档的电子文件，文本文件应是最后定稿；图形文件如经更改，须将与当时产品的技术状态一致的版本归档保存；各种文件的草稿、原稿根据需要决定是否归档。有条件的机关应采用与电子文件的签署技术，以保证电子文件的有效性。

（3）整理、编辑、划分保管期限。整理工作由文件形成部门负责，根据本部门电子文件的种类、数量或档案室的要求确定整理方案。

（4）统一规定载体形式、质量要求。机关档案室应对归档电子文件的载体质量、规格、格式等做出统一规定，各部门按照规定将电子文件一式两份向档案室移交。

（5）防病毒。归档的软盘必须是不可引导的非系统盘，盘中无程序，以防止带入病毒。

（6）编制说明。电子文件形成部门应编制归档说明，简要说明磁带、软磁盘、光盘存储文件的内容，运行的软、硬件环境，版本号，文件的完整性和准确性等。归档说明可兼作移交清单，一式两份，移交部门和档案室双方责任人签字后各自保存一份备查。

（7）电子文件与纸质文件双套归档。目前，电子文件的证据性、管理制度、管理技术与方法、管理设备、通信设备等方面还存在这样或那样的问题。为了确保档案的原始记录性及凭证作用，将电子文件转换成纸质文件并与电子文件同时归档。这种双套制或双轨制将在相当长的时间存在。

4.电子档案的接收

档案馆对电子档案的接收工作比起电子文件的归档要复杂，主要是因为档案馆接收进馆的各机关单位计算机的软硬件系统差异较大，因而产生不同格式的电子档案。为此，档案馆需要配置专门的电子文件格式转换设备，以及电子介质的检测设备，以解决不同格式的电子档案的识读问题和检测其载体质量状况。

（三）电子档案的整理

电子档案的整理是指在计算机中对文件分门别类形成一个逻辑系统的过程。通过这个逻辑系统，电子档案以"逻辑目录树"的分类结构显示在人机界面上。

1.电子档案整理的原则

第一，有机联系原则。这是档案整理的根本性原则，无论对纸质档案还是电子档案都是适用的。对于电子文件也需要保留它在形成和处理过程中的原始结构和固有联系，以便后人能够从中认识历史事实的本来面貌。

第二，简单性原则。电子档案在整理过程中不必像纸质档案那样顾及便于保管方面的因素，如案卷的厚度、排架的难易等，电子档案整理的主要目的是建立一个分门别类的文件系统。因此，电子档案的整理应力求简便易行，一般可按文件形成组织划分类别，并由各部门对自身形成的档案进行下位类分类和文件归类。这种做法类似于纸质文件的文书部门立卷制度。

2. 机关电子文件的分类步骤

首先，将电子文件分为一般文件、科技文件、数据文件和命令文件四部分。所谓一般文件，大体相当于以往的文书档案，基本上是文本文件，应分门别类加以管理；科技文件仍根据成套性原则按项目整理；数据文件可根据相关性整理；命令性文件也可按成套性整理。

其次，为上述各部门文件编制分类方案。科技文件、数据文件和命令文件可根据自身特点编制分类方案。对于一般文件，实际在各种计算机的操作系统中已为文件管理安排了目录系统。通常采用"树"结构，依目录层次逐级展开，其中最上位的目录称为"根目录"，以下各级目录均称为"子目录"，每一个目录都有一个文件夹。各机关应根据本机关电子文件形成机构的实际情况建立文件分类体系。这种计算机目录系统类似于纸质文件的立卷类目，在内部机构或文件内容发生变化时，可根据具体情况增设目录或另建目录系统。将电子文件放入各类目的文件夹，类似于平时归卷，应在文件形成阶段随时进行。

再次，为目录和文件命名。在计算机操作系统中，目录和电子文件名的长度一般是有限度的。如MS-DOS操作系统允许定义文件名长度不超过8个英文字符或4个汉字。因此，计算机操作系统的文件名一般不能表达完整的文件题名，而只能是文件题名的简称或代称。为目录和文件命名，可选用文件题名中若干字的汉语拼音字头（如《2000年工作总结》用"GZZJ"）表示，或者在机构名称代码后加文件顺序号（如纪检处第一份文件用"JJ001"）表示等。无论使用什么方法都应尽量减少重名，尤其在同一级目录、同一个文件夹内不可重复，以减小误检率。

最后，编写文件目录系统说明。使用汉语拼音或外文命名的目录让人不易理解它的准确含义，因此，有必要编制文件目录系统说明，按目录结构层次将每一个目录在计算机中的名称与实际名称相对应，使人一目了然。

3. 电子档案的保管单位

根据档案室（馆）接收归档或移交电子档案的方式不同，可以形成实体形态的保管单位和逻辑形态的保管单位。

若采用磁盘归档或移交方式，其保管单位可以是实体形态的。其中，软磁盘和光盘以"盘"为保管单位，磁带以"卷"为保管单位。在软磁盘中不同保管期限的文件可分别储存，以便定期对到期档案进行再鉴定。在磁带和光盘中可将文件注明保管期限统一保存，待复制时对到期档案进行再鉴定。

档案室（馆）将归档或移交的磁盘文件转录到大容量存储器，或采用网络归档及接收，电子档案将以文件库中一个文件集合的逻辑形态存在。这种保管单位不再具有文件信息的

承载和保护作用，而只是原始文档结构的一部分。

4.电子档案文件清单和保管单位清单的编制

电子档案文件清单类似于纸质文件的卷内文件目录，通常以盘、带为单位编制。将清单录于盘、带中，同时打印一份置于盘盒中、带盒中。清单的格式如表5-1：

表5-1　电子档案文件清单

盘带号		保管单位名称	
序号	文件名	题名	档号

清单上各项内容填写要求：①盘带号。以盘、带为单位编制顺序号。②保管单位名称。简要表示该盘、带的内容。如××部门××年文件。③序号。盘、带内文件的顺序号，主要用于核查每一盘带中文件的数量。④文件名。填写电子文件全名，即系统文件名加扩展名。⑤题名。盘带中每一份文件的题名。⑥档号。双套归档时相应的纸质档案的档号。

电子档案保管单位清单类似于纸质文件的案卷目录，是机关档案室（馆）全部电子档案的总账，该清单应单独保存。其格式如表5-2：

表5-2　电子档案保管单位清单

盘带号	保管单位名称

（四）电子档案的鉴定

1.电子档案的内容鉴定

电子档案的内容鉴定在原则、标准、方法上与纸质档案大体相同。在没有专门的电子档案保管期限表作为鉴定依据的情况下，目前可参照现行档案保管期限表并结合电子文件实际情况进行判断。

2.电子档案的技术鉴定

技术鉴定主要应从以下三方面进行：

第一，可读性鉴定。①检查与文件相关的软件、操作系统和其他文字说明材料是否齐全；②核实归档时填写的文件运行的软硬件环境、版本号是否正确，"目录系统说明"是否与盘、带中目录结构一致；③将文件在计算机上读一遍，以确认其可读性；④对数据库要确认数据与栏目是否吻合，结构是否正确。

第二，介质状况鉴定。将磁盘、磁带在设备上检测，确认其清洁、光滑、无折皱、无划伤，能正常运转。

第三，无病毒鉴定。可用病毒检测软件进行检测。

电子档案的鉴定应将上述内容鉴定和技术鉴定的结果结合起来，综合判定其保存价值。

3. 电子档案鉴定的程序

第一步：确定电子文件的归档范围，并划分其保管期限。

第二步：档案室将归档的电子档案进行一次包括内容鉴定和技术鉴定的全面鉴定。

第三步：对电子档案进行再鉴定。档案室将保管期满、确无保存价值的文件删除销毁，存储在磁带和光盘上的文件一般在定期复制时进行再鉴定，永久类档案由档案馆接收时再鉴定。

电子档案的销毁也应建立严格的审批制度，销毁方法是在计算机上删除该文件，为防止差错，应建立备份，待审查无误后，再将备份删除。

（五）电子档案的保管

电子档案的保管首先应该遵守一般的档案保管原则和方法，其次需要根据光、磁介质的要求采用有别于纸质档案的保管方法，如高质量的存储介质要求以及库房和装具、温湿度控制、防磁场干扰等。这些内容大体与音像档案的保管方法相同（可参考本章第一节的有关内容）。

这里重点说明电子档案日常管理的基本要求：①实行电子档案与纸质档案统一归档，分库保管。②归档的一式两份电子档案应分别存放，一套封存，一套供用。③按保管单位顺序号排放，每一盘、带应贴上盘、带号及保管单位名称的标签，以便存取。④用于档案管理的计算机应禁止使用来历不明的非法软件，以防病毒传染。⑤建立电子档案的库房管理制度，坚持观测并控制好温湿度，定期除尘及检查电线、插头、开关等，杜绝火灾隐患。⑥日常管理中要注意操作方法，维持介质的安全。比如，取放时应戴非棉制手套，不要用手直接摸光、磁介质；不要使磁盘、磁接触不清洁的地面、桌面等；不要弯折软磁盘，不用橡皮筋、曲别针固定软磁盘纸套；不要用圆珠笔等硬笔在标签上书写，以免划伤磁盘等。⑦使用磁盘、磁带的场所的温、湿度与库房的温、湿度相差范围应分别为 ±3℃、±5%，或者在使用前将磁带磁盘放置在使用环境中平衡 3 天以上。⑧保持磁带机、软盘驱动器及清洗机的清洁，定期清洗磁带。⑨对磁带定期倒带，可防止其几何变形及避免霉变。⑩定期进行磁带（软磁盘）外观检查、计算磁带漏码/误差检查，对受损磁带（软磁盘）要及时修复。⑪对正常保存的磁性载体档案，可每 10 年复制一次，特别重要的档案复制周期可视具体情况适当缩短。⑫可建立电子档案的检测及保养卡。

（六）电子档案的检索

1. 电子档案著录标引的规划

电子档案著录标引的规划与纸质档案相同，但在著录项目中须增加电子文件名全称、

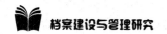

路径名和盘带号，同时，须将著录结果输入预先编好的数据库供检索之用。电子档案的著录标引工作应由电子文件的形成部门来做，并与电子文件同时归档；档案室最好将需要著录的项目按顺序编成简明的表格软件，供各部门用于电子文件的著录标引。

2. 纸质档案与电子档案对应查找

具体做法是：制作电子文件时在最后一页右下角录入该文件在电子计算机系统中的电子文件名，打印在纸质文件上，并在案卷目录的备注中注明，这样即可对应纸质文件在计算机上查到电子文件。电子文件则可利用"电子档案文件清单"查找相应纸质文件的档号，或在计算机上使用检索数据库查找。

（七）电子档案的利用

1. 电子档案利用的主要特点

同纸质档案相比，电子档案的利用有其明显的特点和优点。

第一，复用性好。电子档案可在计算机上多次识读阅览或打印成纸质复制件，而原件仍完好无损。

第二，服务形式多样化。利用计算机，不仅可以提供原件阅览，而且可以根据利用者的需要对档案信息进行分类、统计、汇总、打印、复制等。

第三，便于传输。通过计算机网络可将电子档案信息进行远距离传输，使异地查用档案成为可能，从而大大提高档案资源的利用率。

第四，依赖性强。电子档案人工不可识读，必须依靠计算机及相关技术设备，尤其计算机识读不相兼容应用系统生成的电子档案时必须借助转换程序。

2. 电子档案利用的注意事项

由于上述电子档案在利用方面的特点，因而在提供利用时除遵守一般档案的利用要求外，还要注意以下事项：

第一，提高电子档案信息安全意识。由于电子档案在利用过程中比纸质材料更难控制，因此档案人员必须提高信息安全意识，对提供电子档案持较谨慎态度，在无确定把握时可限制利用方式，以防造成失密、泄密、病毒入侵等不良现象发生。

第二，制定电子档案的利用制度。在档案利用一般制度的基础上，根据电子档案及其利用的特点，制定专门的制度，包括利用资格审查、阅览操作、软磁盘外借、复制等方面的内容。

第三，学习和利用新的科技知识，不断提高电子档案的管理和利用水平。当今科学技术的发展突飞猛进，高科技产品日新月异，档案工作应当密切关注电子计算机技术及相关的信息处理技术的新成果，并引用适合档案管理的可行性技术，努力开发档案利用方面的系统功能，充分发挥电子档案的作用，为利用者提供便捷的服务。

第六章 档案建设与管理的实践研究

第一节 高校档案建设与管理

一、高校实验室档案建设与管理

高校实验室是学校开展教学、科研和学科建设等工作的一个重要组成部分，是培养学生综合技能、教师开展科学研究的主要场所。实验室在正常的工作运行过程中会产生大量的原始信息、数据与资料，能有效、真实地反映和记载实验室质量体系管理、运行的具体情况，是教师、实验技术人员、管理人员、学生进行实验教学与科研所留下来的工作记录与经验总结，能很好地反映一所学校实验教学的工作成绩与管理水平，是评价实验室建设和实验教学质量的重要依据。因此，建立一套健全的高校实验室档案管理体系，建设科学规范的文档资料，可以为各种评估提供准确、全面、及时和实用的实践教学档案信息，对推动教学改革、提高教学质量、实施科学决策、开展科学研究，都发挥着重大的作用，是实验室建设的一个不可或缺的工作重点。

（一）高校实验室档案建设的必要性分析

高校实验室档案建设是一项基础性、长期性的工作，直接影响实验室各项工作的正常开展以及长远的发展规划，是做好实验室工作、全面提高实验室管理水平和实验教学水平的重要保证。

第一，为实验室实施科学管理与决策提供依据。信息是决策的基础，决策是管理的核心。完善的实验室档案所提供的可靠而充分的信息，能真实有效、准确客观、全面及时地反映实验室在基础建设、教学科研、仪器设备管理等相关方面的详细情况。结合档案信息与社会发展需要及学校实际情况，在实验室硬件建设、课程设置、教材选用、内容制定、师资配备、人才培养等方面均要参照档案信息所描述的客观情况，及今后学校发展的预期目标来具体确定。实验室档案对实验室开展各项工作、考查实验教学成果、总结教学经验、深入科研工作有着重要的参考价值。

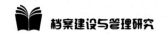

第二，促进实验教学的改革和评估工作开展。高校实验室是日常教学中的重要场所。实验室档案是实验教学和科研成果的最好载体，为实验教学改革和科研项目的进一步深入提供了宝贵经验与珍贵资料。如实验项目，实验方法、手段，实验结果，实验分析等通过各种档案载体记录下来，通过整理有助于探索更合理的教学方法、更有效的科研手段，对改进实验教学条件、促进实验教学改革、提高科研水平和质量等有着巨大的作用。

实验室档案是高校教学评估过程中需要提供的可靠依据和基本凭证当中的重要内容。各级组织的教学水平评估都对实验室档案有清晰、明确、具体的要求，如实验室基本设施与实验仪器情况、实验人员专业技术能力情况、实验课程与内容设置情况、实验考核与学生成绩、实验室开放情况等，均可通过实验室档案进行查阅了解。这些资料客观、准确、全面地反映学校实验教学的各阶段情况，这些原始的、最真实的第一手材料是高校教学评估中审阅材料的重点，是教学水平评估、专业评估和实验室评估的重要内容，也是衡量高校教学和管理水平的重要标志。

第三，有利于实验室仪器设备的合理配置。实验仪器设备是实验室正常开展各项工作的物质基础，实验仪器设备档案能详细反映实验仪器设备在购置、使用、维护等方面的信息。做好档案信息的规范工作有助于全面、系统地了解实验仪器设备的性价比、利用率、完好率和售后服务情况。在选购设备时可以参照仪器设备档案科学确定设备经费的流向，合理地选择合适的设备与厂商，做到减少浪费、节省资金，提高教育资金的投入效益，更好地为教学科研服务。

第四，加强和规范实验室管理的需要。建立实验室档案可使实验室日常管理工作走向科学和规范。将实验室档案建设与管理作为考核实验技术人员的重要凭证，鼓励实验技术人员主动按规定完成有关工作，使实验室管理有序可循、有章可依。

第五，积累宝贵经验，方便制订培训计划。青年教师或实验室新进工作人员通过查看系统规范的实验室档案，能更加方便快捷地了解实验室的基本情况和相关工作内容，从而更快、更高效地开展实验教学任务。此外通过实验室档案，可以针对实验技术人员的业务水平和工作能力等不同情况制订相应的培训和进修计划。

（二）高校实验室建档材料的内容

实验室基础建设方面：实验室批准建设的调研报告、使用范围与功能等文件，实验室物理位置、建构结构与面积等基本信息布局图，实验室各种水电路的布线图。

实验室仪器设备管理方面：反映仪器设备状况的账、卡、表与达标情况记录，仪器设备申购计划、验收报告、入库单、固定资产明细册、报废销账单、外调及内调等凭证；设备安装验收报告、使用说明书、技术资料、使用记录、报修记录，仪器设备配套情况表。

实验教学管理方面：实验教学大纲、教学计划、教学课表、教学日志、教材及指导书、教学方法，所开展的各项实验项目详细统计列表、实验报告、各实验实际开出记录、实验开出成功率等考核情况相关记录。

实验人员管理方面：实验室各项规章制度，包括各项岗位责任制、分工细则及管理制度；实验室技术人员工作日志、考核材料与晋升记录、技术培训执行情况记录；实验室会议日志。

实验室经费管理方面：实验室经费来源申请记录、经费使用情况记录与使用效益报告；实验室年度仪器设备购置计划；实验材料使用明细、仪器设备维修等经费支出情况统计；面向校外开放使用进行培训、考试及其他租用情况等收入统计。

科研及科学成果管理方面：实验室年度科研项目、教研项目和教改项目、科技开发项目的立项书或合同书、项目成果鉴定书；实验技术研究、实验研究论文、专利申请材料、科技开发、成果转让等。实验室各类考核评估材料、实验教学成果与实验室建设先进评比等获奖材料证书。

（三）高校实验室档案管理的加强对策

第一，增强实验室工作人员的档案意识与责任感。切实将档案工作融入实验室常规工作中去，加强实验工作人员的档案专业知识学习及管理；制订有序的培训计划，加大培训力度，有目的、有步骤、有针对性地对实验工作人员进行多种形式的学习、培训与指导，不断提高其业务水平和档案专业技能。

第二，根据实验情况制定切实可行的规章制度。突出、明确实验室档案工作在实验室工作中的地位与重要性，学校应加强领导、健全机构，在各方面给予指导和支持，做好实验室档案管理工作必要的领导、组织、保障工作，使实验室档案工作顺利向前推进。

第三，落实多级管理体制。建立有效的运行机制，将实验技术档案的收集与整理等各项相关工作列入实验室工作人员的工作职责范围，专人负责，明确具体内容，统一管理、分工合作，周期性跟踪实验室档案工作的落实情况。

第四，加强档案管理信息化、现代化建设。传统管理方式已不能高效、准确、方便地满足档案管理的要求，随着电子文件、多媒体技术、计算机与网络技术的快速发展，改革档案管理已势在必行，朝着科学管理方式的转变已成为档案管理发展的必然趋势。因此，应创造条件逐步将纸质文件向电子文件过渡转移，提高信息采集、传输和服务的效能，扩大信息量和服务范围。

第五，提供实验室档案工作的必要环境和设施。在实验经费中应划拨一定数额的资金用于实验室档案工作，做到专款专用，完善实验室档案工作的软硬件条件，用于购置实验室档案专用计算机等设备、档案管理软件及人员培训等，提供实验室档案工作的可靠物质保证。

第六，开发高校实验室档案管理信息系统。为提高实验室档案的技术效用与管理效率，将高校实验室开展实验过程中形成的各类文档资料进行数字化管理，可利用计算机网络技术提供高效便捷的数字化档案存储、管理、查询和应用服务，建立科学适用的文件归档、保管和应用的管理系统，提升档案管理水平，促进和完善高校实验室档案的信息化管理。

档案工作也是实施实验室信息化、整合实验室资源、倡导实验室文化、提高实验效率的有效途径。

档案管理系统在设计上要考虑实用性、灵活性与通用性，操作简便，模块化管理修改方便，具有可扩充性，易于维护。用户登录模块提供用户注册、登录、身份验证等功能。通过判断登录人员的身份，根据设定程序赋予登录人员相应的管理权限。信息管理模块是主要的功能模块，提供基本的信息录用功能，用户可将收集处理过的实验档案文件按照分类输入计算机系统，检索系统可根据包括文件题目、关键词、文件编号、参考文献、档案代号等进行分类检索。系统维护功能模块可对用户的权限进行设置，如登录口令更改，数据的修改、删除、备份等。

总之，实验室档案建设与管理是实验室工作的重要环节，实验人员须明确档案职责范围，细致、系统地整合复杂的资料，科学分类管理。工作过程中要不断总结完善、研究探索，以适应实验室档案管理的发展要求。实验室档案管理是否科学规范，直接影响到实验室各项工作的正常开展。因此，应重视实验室档案工作，不断提高档案意识，加强实验室档案管理，发挥实验室档案在学校发展中应有的作用，使实验室各项工作更好地为学校教学改革与发展做出积极的贡献。

二、高校院系教学档案的建设与管理

高校各院系是从事教学实践活动的主体，院系教学档案是各院系在教学工作中直接形成的具有保存价值的文字、图表、声像等载体材料。院系教学档案来自教师和学生的教与学工作，贯穿于教学单位的教学、管理及其一切实践活动，记录了院系教学管理和教学实践活动的内容、方法、途径和效果，是第一手资料，是教学工作的真实记录，是重要的信息资源和历史凭证。院系教学档案是高校教学档案的基础，体现了高校的办学理念和办学思路，是衡量高校办学水平的重要依据。院系教学档案的建设与管理是否科学、规范，将直接影响到高校教学工作的成效。因此，加强高校院系教学档案的建设和管理极为必要。

（一）院系教学档案的构成

院系教学档案应该是系统的、有序的院系教学、管理活动记录。院系教学档案的来源非常广泛，内容极为丰富。其来源不仅有上级领导部门、本校主管部门、本院系各单位，而且还来源于广大师生员工。其内容不仅包括我们平常所见到的教学计划、课程表、教学任务书、教师教案、试卷、成绩单等课堂教学与实践教学产生的文件材料，而且还包括教学综合管理、学科与实验建设、教材工作、学籍管理等材料。若要将院系教学档案建设得完整、系统、规范，我们应该从档案的基础工作做起，明确院系教学档案的构成，即归档范围，认真开展收集整理工作，使之能全面地反映院系教学工作的面貌。笔者认为，院系教学档案归档范围包括以下六个方面：

1. 教学综合管理

院系教学综合管理是教学和管理工作正常运行的基础。教学综合管理档案体现了院系在教学管理上的理念，主要包括：①上级教育主管部门及学校下达的政策性、指导性文件及有关规定、制度、办法；②本院系教学评估报告、教学会议记录、教学管理制度、教学改革方案、教学方法研究和总结、期中教学检查、教学工作计划总结；③师资队伍建设规划、教师数量与结构、教师教学质量评价材料、教师参加学术会议材料、教师培训计划和总结、教师评优与评奖资料、教师管理制度等。

2. 学科与实验建设

围绕着学科与实验建设产生的档案体现了院系办学特色与办学档次，主要包括：①重点学科、实验室建设材料，学科与实验室建设材料；②学位点建设与专业建设材料；③精品课程与重点课程建设材料；等等。

3. 课堂教学与实践教学

课堂教学与实践教学是教学工作的核心和主体，因此，院系教学档案的主要部分，应是围绕课堂教学与实践教学而产生的档案材料，这部分档案记录了整个教学环节的运作过程，反映出了教学水平和教学管理质量。主要包括：①教学概览，教学大纲，学期教学执行计划，教学任务书与安排表；②典型教案与讲稿，多媒体课件，试题库与试卷管理材料，学生考试试卷，教学质量检查材料，学生课程设计与毕业设计（论文）全套资料；③实习基地建设资料，生产实习资料，社会实践计划、总结；等等。

4. 教材工作

教材是院系进行教学的最基本的工具，对保证院系完成教学任务和提高教学质量起着极其重要的作用。因此，教材工作是院系教学管理的一个重要组成部分，在编写、选用、使用教材的过程中，形成的档案材料主要包括：①本院系教师正式出版的教材；②各专业使用的教材目录及历年使用的教材；③教师自编讲义、实习指导书、习题集等。

5. 学籍管理

学籍管理是院系教学管理不可缺少的部分，围绕着学籍管理产生的学籍档案，记录了学生从入校到毕业整个学习和培养过程，记载了学生德、智、体等方面发展的信息。主要包括：①学生各门课程成绩单，实验成绩登记表，大学英语四、六级考试成绩册，计算机等级考试成绩册；②学生学籍卡片，学籍更改材料（休学、复学、转学、退学）；③学生奖励、处分材料。

6. 毕业生工作

毕业生工作的档案主要包括毕业生名单、毕业生登记表、就业情况一览表、毕业生质

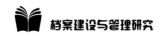

量调查材料、应届毕业生问卷调查材料等。

（二）增强院系教学档案建设与管理的意义

教学工作是高校的中心工作，院系是高校从事教学实践活动的主体，院系教学档案是构成学校教学档案的重要部分，院系教学档案工作水平的高低、档案质量的好坏，对学校档案工作将产生直接影响。因此，加强院系教学档案的建设与管理，对实现高校教学档案全面规范化、标准化管理，增强各院系师生员工的档案意识，提升高校档案工作整体水平有着非常重要的意义。

第一，有利于实现高校教学档案全面规范化、标准化管理。加强院系教学档案的建设与管理，促使院系级教学档案管理与学校教学档案管理一同纳入高校档案工作日程，并从机制、制度、队伍建设、档案业务建设等方面给予保障，从而实现教学档案全面规范化、标准化管理。

第二，有利于增强各院系师生员工的档案意识。院系教学档案是院系教学管理和教学实践活动的真实记录，客观地反映了基层教学单位的教学质量和管理水平，是广大师生员工智慧的结晶。在开展院系教学档案建设与管理这项工作中，院系的师生员工通过自己动手，收集、整理在工作和学习中形成的文件材料，一步步建立起本院系的教学档案。这些档案通过开发和利用又服务于广大师生员工，服务于院系的教学管理和教学实践活动，在此过程中，有利于增强师生员工重视档案、收集档案和利用档案的意识。

第三，有利于提升高校档案工作整体水平。首先，加强院系教学档案建设与管理，建立起院系级教学档案管理体系，不仅能够发挥院系级教学档案在高校本科教学评估与教学工作中的重要作用，同时，也是对高校档案工作的补充和完善。其次，加强院系教学档案建设与管理，能够明确各级档案工作职责，充分调动和发挥部门的积极性、主动性和创造性，从人力、物力上给予高校档案工作大力的支持，夯实高校档案工作基础。最后，加强院系教学档案建设与管理，大量产生于院系的教学档案，由各院系规范化管理，不仅能够减轻高校档案部门的压力，而且还能优化高校档案馆（室）的馆藏，有利于开展档案信息化建设。

（三）院系教学档案建设与管理的加强措施

第一，建立院系教学档案管理机制，从机制上保证院系教学档案工作的正常开展。各院系明确一名领导主管本院系教学档案工作，配备一名专（兼）职档案员负责本院系教学档案日常管理工作，将教学档案管理工作纳入各院系日常管理工作中，切实做好院系教学档案的管理。

第二，加强干部队伍建设，提高档案人员素质。要做好教学档案管理工作，必须建设一支素质高、业务精的专（兼）职档案干部队伍。一方面，要加强思想教育，不断提高专兼职档案员的思想素质和自身修养，做到爱岗敬业、责任心强，热心为师生员工开展档案服务。另一方面，要加强业务培训，通过自学、进修、开展专题讲座和评比交流等方法不断提高专（兼）职档案员的业务水平。此外，还要注意保持档案干部队伍的稳定性，避免因人员变动频繁影响档案工作的正常开展。

第三，建立健全适合院系教学档案管理的规章制度。根据《高等学校档案管理办法》和《高等学校档案工作规范》制定院系教学档案管理规章制度，从制度上规范教学档案管理工作。首先，制定教学档案工作职责，明确校级档案管理部门、教务处、院系各教学单位以及单位负责人、专（兼）职档案员、教学秘书、任课教师、年级主任等在教学档案管理和教学档案形成过程中各自所承担的责任。其次，制定出严谨、完善的归档制度，明确归档要求，细化各院系教学档案归档范围和归档时间，确保归档材料齐全完整。最后，建立教学档案评估制度。根据院系教学档案实际，拟定评估指标和评分标准，定期开展评估检查评比，以此促使各院系重视和支持教学档案工作。

第四，注重收集，科学管理，开发利用。首先，可以采用平时归卷和期末归档相结合的方法。平时归卷就是对日常工作中产生的文件材料随办随收集整理，期末归档就是学期或学年结束后对文件材料进行集中归档。其次，严格按照档案管理制度开展院系教学档案的收集、立卷、归档工作，对档案材料进行科学、规范的分类、整理，使归档材料标准化、系统化。最后，要加快档案现代化建设步伐，充分利用计算机和校园网，开发或引进网络版档案管理系统，与学校办公自动化管理网络相结合，建立档案管理局域网，做到档案收集、管理、利用网络化，把静态的教学档案信息变成动态的信息，实现教学档案信息资源共享，从而更好地为学校教学和其他各项工作服务。

第二节　医院档案建设与管理

一、医院档案建设的精细化管理

与国外发达国家相比，我国对于医院档案的管理起步较晚，在研究理论、管理方案等方面还不成熟，但是医院档案建设事关医院的长久发展，是医院进行行政管理、药品管理、科研教学以及医疗服务的基础和前提，为此，在现阶段加强医院档案建设，提高医院档案精细化管理水平，满足医院对档案的使用需求，是保障医院快速健康发展的关键。

（一）医院档案精细化管理的要求

随着我国卫生医疗改革的不断深化，医院档案管理面临前所未有的机遇与挑战，传统的以纸张、光盘、音像等为载体的档案管理方法，已经不能满足现代医院发展需求，且随着互联网技术的应用和普及，实现医院档案的智能化和信息化管理已经成为必然。精细化管理可显著提高管理质量与效率，有助于建立和健全档案数据库，对医院开展工作具有不容忽视的意义和作用。

第一，保证信息的真实准确。医院档案管理就是医院的日常记录工作，涉及医患的病例、医护人员的学历、职称等信息的记录，医院档案信息的真实与准备，是医院后续工作开展的保证。例如医生真实详细记录患者病例，有利于跟踪患者病情，其真实准确性直接关系患者的康复效果和后续治疗。而且这些信息可以作为患者报销的凭证，如若产生医患纠纷，这些档案信息又是可靠的司法证据，可以有效保护双方的权益。另外，真实记录医护人员学历、职称、专长、医疗成果等有效信息，有助于实现医疗资源共享，为医院人才选拔提供可靠依据。

第二，收集信息系统全面。医院档案涉及面广，具有明显的集成性特点，所以在收集医院档案的时候，要考虑全面，保证档案信息的连贯性，尽量避免遗漏或失误问题，同时，需要调动员工收集档案的积极性，主动参与档案收集整理工作。

第三，保证信息专业专属。医疗档案对于医院教学与科研有着重要意义，医生详细记录并整理有关病症特征，有利于医生对于各类疾病进行系统研究分析，从中找到有价值的信息，为攻克一些疑难杂症积累宝贵资料，同时造福患者，所以，要求此类档案信息在管理中必须系统，而且要做到专业专属。

（二）医院档案建设存在的主要问题

目前，各大医院已经认识到医院档案建设的重要性，在档案建设管理工作中取得了一些成绩，但仍存在一些问题亟须解决。

问题一：档案管理专业化水平不高。医院档案用途广泛，对于档案管理的专业化水平要求较高，只有专业化的档案管理，才能为医院的健康快速发展保驾护航，目前，医院在档案专业化管理方面存在的问题主要集中在三个方面。第一，医院没有明确档案管理内容和范围，导致医院档案管理面窄，管理内容有缺失且联系性不紧密，很多应该记录在册的档案信息被忽视，影响了医院对档案资料的使用以及相关工作的开展。第二，医院档案的分类归档过于混乱，没有按照行业标准对档案进行分类管理，并且大部分档案没有按照诊疗科室和职能部门进行分类管理。第三，档案资料缺乏系统性，依然采用传统的档案管理保存方式，在档案的调阅和使用上极其不方便。

问题二：档案管理基础环境薄弱。医院档案管理基础环境设施简陋、不达标，是现阶段医院档案管理存在的普遍现象。加强医院档案管理前期需要投入大量的资金，但是短期内又见不到收益，不能直接提升医院的声誉，所以，很多医院领导选择将资金用于购买大型医疗设备、更新病房等硬件设备，而忽视了对档案环境的投入，但是从长远来看，医院档案对于提升医院的医护水平、管理水平及人才任免意义重大，保证医院档案管理环境建设投入，通过更新现代化管理设备，提供宽敞明亮的工作场地，调动档案员工的工作积极性，以提高档案管理的效率和质量。

问题三：档案管理制度不完善。有效的管理制度能够保证医院档案管理工作的顺利开展，而现阶段，医院档案管理制度不完善，致使档案管理工作实施难度大，问题频出。例如医院档案的丢失和重复归档问题，因为档案科室不能直接产生效益，所以在医院往往不被重视，档案管理工作人员工作待遇相对较低，而且工作人员对档案管理工作重视程度不够，所以，医院档案丢失、借阅未归还现象频频出现，严重影响了档案的使用效率，妨碍了医院医疗科研水平，久而久之，必将影响医院核心竞争力的提升，而且，混乱的档案存储增加了工作人员的负担，影响了医疗服务体验，容易诱发患者与医院之间的纠纷问题。

问题四：档案管理工作人员能力欠缺。由于档案科室在医院被忽视，故档案管理人员多为其他科室兼职人员，缺少专业的档案管理知识，档案管理工作能力有所欠缺。而且档案管理部门领导多为医院技术人员担任，也缺乏档案管理专业知识，在档案管理工作改进和变革时期，不能够提供建设性意见，缺乏前瞻性眼光，阻碍了医院档案管理工作的长远发展。尤其计算机技术普及的今天，对于档案管理人员的计算机水平以及专业素质都提出了过硬的要求，档案管理人员加紧提升自身业务能力，是适应时代要求、实现档案精细化管理的必然选择。

（三）医院档案精细化管理的有效对策

医院档案实现精细化管理是时代的呼声，针对现阶段医院档案管理存在的问题，先从精细化管理视角提出如下解决策略：

1. 明晰档案精细化管理目标

实现医院档案的精细化管理是提升医院档案管理水平的必然选择。为此，医院管理人员应该制定档案精细化管理目标，并以此为依据，制订详细的精细化管理方案，在提高医院档案管理水平的同时，夯实医院发展基础。

首先，档案工作人员应该全面了解医院的发展目标与真实情况，并以此为依据合理规划档案管理策略，并制定长短期工作目标，稳步提升医院档案管理水平。其次，明确权责，医院科室部门众多，要求所有科室部门参与到档案收集管理工作中来，明确各部门的权责，以保证档案管理工作有序开展。最后，给予工作成绩突出的档案管理部门适当的鼓励，并将其经验进行推广，给予工作优秀的员工物质或精神奖励，以此调动员工工作的热情和积极性，确保档案管理工作的有序开展。

2. 加大信息化建设力度

当今社会信息化的普及，为档案管理工作的改进和提升提供了很好的机遇，为此，在医院档案精细化管理工作中，要积极引入计算机管理，实现档案管理的信息化，引进先进的档案管理软件，避免档案资料的重复收集，实现档案资料的快速调阅，在减轻档案工作人员工作负担的同时，节约人力资源成本，提高医院的核心竞争力。同时通过档案信息化建设，提高医院档案的利用率，服务于医院科研能力的提升。

3. 加强档案管理制度建设

健全的档案管理制度是保证档案管理工作顺利开展的关键，首先，档案管理人员应该明确精细化管理理念，科学融入档案管理工作并且与医院的实际情况进行有机结合，从而全面提升医院的整体管理水平。其次，制定档案精细化管理目标，明确档案精细化管理的重点与难点，档案管理的每个步骤环节精细化，以提高档案管理的工作效率。最后，完善考核评价制度，对于考核优秀的员工给予肯定和鼓励，对于考核不合格的员工给予改进意见，如果仍不合格，实现淘汰制，以此优化档案管理工作队伍，提高档案管理水平。

4. 提升档案管理人员工作能力

医院档案管理人员工作能力要实现提升，首先有赖于高素质人才的引进，建立一支专业性强、文化素质高的档案管理队伍。其次，要加强档案管理人员培训，聘请专家指导，帮助其了解精细化管理知识，提升自身业务水平，并安排员工外出学习，开阔视野，借鉴其他医院的宝贵经验，为档案管理工作提升打下基础。最后，提高档案管理人员的活力和激情，在熟练掌握档案管理专业知识与科学技巧的同时，以创新的思维和理念对档案管理工作进行革新，促进医院档案管理水平的快速提升。

二、推进医院档案管理信息化建设

由于我国医疗卫生的改革加大了各医院之间的竞争，因此，要想在竞争中稳健发展，必须从医院的内部进行调整，提升管理水平。在管理中，档案管理是一项重要内容，必须在变革中进行创新，从而适应新形势，让医院的档案管理进一步实现科学化、规范化，为广大人民提供更好的服务。

（一）医院档案管理信息化建设的重要性分析

1. 实现档案信息的资源共享

当今时代是信息的时代，很多三级甲等医院在大数据信息资源共享平台方面实现了现代化的管理。通过大数据平台，在医院各项的管理工作中，可以把计算机技术，还有网络技术，以及相应的信息模拟技术等等应用于其中，当然，包括了医院的档案管理工作。例如，医院的相关部门在了解医务人员的学历和专业，以及技术职称，还有技术培训的相关情况时，通过数据平台，可以对相关信息及时地进行查询。对于医院的固定资产，还有药品的购入等数据信息都能在第一时间掌握，而且，各部门之间也能有效地开展协作，进而实现资源的共享，有效地提高了医院的工作效率，也提升了数据的准确性。

2. 为医院的决策者提供有效信息

医院的档案管理水平能够充分反映出医院的经营情况，以及管理工作的相应内容，医院的档案不仅保管了全院各类员工的档案、各种重要文件资料等，也是记录医院信息的完整部门。档案管理的科学化管理，以及规范化的管理，都能进一步实现档案管理工作的标准化和制度化，在程序上，也使其应用得到了进一步科学化，当医院各科室和部门查找所需资料时，即使是几十年来医院信息，也能有效地、及时查找出所需的资料。除此之外，医院在进行决策重大项目时，通过医院档案的管理，不仅能为决策者提供相应的数据，也能使医院健康发展。

3. 提高各科室与相关部门的工作效率

任何一家医院都有自己的工作流程，且科室和科室之间、部门与部门之间也是相互协调、互相配合。如果患者的信息、医务人员的信息能够在大数据信息平台上进行及时的资源共享，各科室及各部门之间的交流就会更顺利，良好的沟通对医务工作十分重要，同时，对广大患者来说，会带来更多的方便。经过实践证明，对档案进行有效的利用、开发，不仅节省了医院的资源，提升了管理工作的水平，也实现了节能减耗。

（二）医院档案信息化建设的实践对策

1. 增强档案信息的安全建设

网络系统的组成包括硬件和软件，也包含基础设施，以及其存储的数据材料，这些因素共同组成了计算机系统。网络安全的主要任务就是对网络系统中的各组成部分进行保护，使其免受破坏、更改及泄露、要想系统处于正常的运行状态，连续的网络服务是必须给予保证的。对网络安全来说，防火墙，或者是数据加密，还有攻击检测，以及数据恢复技术等都是进行利用，从而保证医院档案信息的安全性。

2. 科学制定合理的档案管理标准

在制定档案信息的建设标准时，首先要保证其科学性，要符合国家的各类标准和相关规定。在标准化信息建设中，要充分结合医院档案的实际情况、管理特点等，对归档材料严格把关、科学规整，从而实现档案信息资源的价值。此外，档案管理制度要进行定期的修改，档案工作人员的责任制也要清晰明确，这样能保证档案信息得到规范化管理。

3. 积极提高档案管理人员的素质

医院档案信息化建设工作有着一定的系统性，这与质量管理人员的水平具有直接关系，所以，在实际的建设中，必须对相关工作人员的专业能力进行提升。首先，调动档案信息化建设人员的积极性，发挥其主观能动性以及创造性。其次，引进现代化设备，增加档案的种类，使载体变得多样化，这就必须对建设方法进行创新，培养一批专业的人才，不仅会运用新的技术，还掌握全面的信息建设知识，从而有效地提升档案建设的信息化水平。

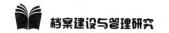

4.努力实现档案管理的同步化与实时化

档案的信息资源是医院的核心内容，对其进行妥善的管理、实现医院可持续发展具有关键作用。因此，要顺应时代的发展，加快信息化建设的步伐，用电子信息化的管理模式取代传统的档案管理模式。同时，充分运用计算机的存储功能，通过网络的信息平台，对医院档案的数据库进行建设，确保资料的完整性，实现快速查找，进而提高档案管理的工作效率。

总之，对医院档案管理进行信息化建设时，应该充分了解其档案管理存在的问题，分析如何才能实现档案管理的信息化建设。为了使这项工作得到落实，促进医院的良好发展，要明确相应的信息化建设策略，这有利于医院档案管理的长久发展，使其在竞争中保持较强的核心竞争力。

第三节 博物馆档案建设与管理

博物馆档案建设与管理是博物馆的一项核心工作，直接关系到博物馆未来的发展。新形势下，随着博物馆各项工作的内容和要求发生变化，博物馆对于藏品档案、文物档案、文书档案以及其他档案的管理要求也随之变化。因此，如何做好博物馆的档案建设与管理工作，成为当前博物馆档案管理人员重点关注并思考的课题。

一、积极完善博物馆档案建设与管理机制

第一，博物馆必须有针对性地出台并完善档案管理领域的规章制度，应用规章制度来指引并规范档案管理人员的各项工作，整体上提升博物馆档案建设与管理的水平。

第二，博物馆要明确档案建设与管理中的职责分工以及流程，确保档案管理人员以及其他工作人员能够相互配合，减少档案管理人员的工作烦琐度，避免重复劳动、归档不及时、借阅不规范等问题的发生。

第三，博物馆要重视档案安全管理以及档案保密，尤其是对于藏品类档案以及文书档案，更是应当采取专门化、现代化以及科学化的安全保密技术，明确安全保密的职责。同时，博物馆要单独针对上述两个领域出台规章制度，由内而外地提升档案管理工作的质量。

二、准确把握博物馆档案建设与管理的重点

博物馆的档案管理工作应当主次分明，明确管理工作重点，有序进行。相关调查显示，档案管理工作重点主要有以下四点：

（一）查漏补缺，准确完整

在博物馆档案资料的整理过程中，有可能会发现同一项事件的多个资料，在内容方面有很大的相似之处，例如，修订稿、草稿需要管理工作人员积极进行内容核实，认真进行比对，结合事件真实情况，收集相关信息，最终确定归档文本。另外，在档案内容上可能存在缺漏的现象，这就要求工作人员积极进行调查，进行补充，完善档案，实现良好的档案建设与管理。

（二）内外有别，类别划分

博物馆档案的收集固然重要，但是档案的分类管理也十分重要，应当顺应时势，积极采用科学的档案管理分类模式。通常情况下，博物馆按档案对象进行分类，可以大致分成文件资料、统计资料、活动资料等，还可以进行更细致的分类，例如，活动资料通常情况下比较杂乱，可以根据博物馆主办和赞助活动等，有效进行类别划分。另外，有许多重点活动对档案记录有较高的要求，因此，应当加以重视，有针对性地进行重点整理分类。博物馆的重点活动资料主要有品牌活动、志愿者活动、展览活动、节假日活动等，这对博物馆日后的发展有一定的帮助，能够提供不小的参考，因此，务必做到条理清晰、分类整齐。

（三）前后有序，逻辑顺序

在对博物馆档案进行上述查缺整理分类之后，应当进行排列排序，一般情况下是按照事件发生的先后顺序。但是在一些类型事件资料排序过程中，时间划分跨度过大使得档案资料过多过厚，不利于储存和查找，因此，应当根据实际情况进一步进行划分，直至满足日后查找的需求。另外，博物馆档案排列过程中可能用逻辑顺序进行排列，这也是一种较为科学规范的排列手段。总而言之，博物馆应当根据实际情况，仔细斟酌，以方便查阅为目的，积极进行改进。

（四）进行目录的编撰

目录的编撰能够很好地协助档案的查阅，当然，为了避免不必要的失误，应当将编撰目录环节放在装订前进行，并且，应当重视页码的编排，最后一页为单面，且需要编入页码中。另外，目录主要包括内容纲领和页码，应当认真核实两者是否对应，避免出现对不上号的现象，以至于查找出现纰漏，影响博物馆档案建设与管理的正常进行，努力做好各个环节的工作，争取将博物馆档案建设与管理工作提到更高的水平上来。

三、加强博物馆档案管理人才队伍建设

博物馆对于档案管理人员进行专业化、科学化及指向化的培训，进一步提升档案管理人员综合素质及专业能力，是确保博物馆档案管理规范性的内在要求。具体而言，博物馆可以从以下角度入手，进一步完善本单位的人才队伍建设：

第一，博物馆要分别从档案收集、归档、检索、档案服务、档案保密以及档案安全等角度对档案管理人员进行专业化培训，提升档案管理人员的规范意识及责任意识。

第二，博物馆要进一步加强与其他单位的合作，鼓励档案管理人员参加社会培训及单位交流，为档案管理人员提供学习平台及交流平台，确保单位档案管理工作与时俱进的同时，不断增强其综合素质。

第三，博物馆要做好档案信息化建设领域的培训，通过案例教学、实践教学等方式来提升档案管理人员对信息化技术的应用能力，确保档案管理人员能够适应新形势下的档案管理要求。

简而言之，在文化强国战略背景下，博物馆在社会主义先进文化建设过程中所发挥的作用进一步突出，博物馆迎来发展机遇的同时，也面临着相应的挑战。具体到档案建设与管理领域，如何把握档案建设与管理的重点，充分发挥档案的凭证价值及参考价值，值得从理论层面加以探讨。

参考文献

[1] 曹艳丽.医院档案建设如何实现精细化管理探究[J].山西青年，2018（15）：167-168.

[2] 陈建锐，何增颖.高校实验室档案建设与管理探讨[J].实验技术与管理，2013，30（08）：224-227.

[3] 陈琳.档案管理技能训练[M].北京：机械工业出版社，2015.

[4] 陈岩.加强科技档案管理的合理途径[J].黑龙江档案，2022（02）：154-156.

[5] 谷洪艳.会计档案管理中的问题及综合利用策略探析[J].兰台内外，2022（33）：57-58.

[6] 郝红梅.试论档案的文化价值及其开发利用[J].文化产业，2022（31）：25-27.

[7] 郝红梅.试论档案文化内涵及其功能[J].文化产业，2022（28）：69-71.

[8] 黄继业.新形势下人事档案管理创新改革与研究[J].产业科技创新，2023，5（01）：114-116.

[9] 金波，张大伟.档案信息化建设[M].上海：上海教育出版社，2016.

[10] 金淑红.对档案信息化人才建设的一点认识[J].黑龙江档案，2019（03）：77.

[11] 康金伟.浅谈科技档案管理工作[J].黑龙江档案，2022（02）：80-82.

[12] 李宁宁.档案数字化建设的策略探讨[J].信息记录材料，2022，23（10）：82-84.

[13] 李昕.人事档案数字化建设策略探讨[J].陕西档案，2022（06）：35-37.

[14] 廖建兵.高校实验室档案建设与管理探讨[J].亚太教育，2015（25）：187.

[15] 刘琛.博物馆的档案建设与管理分析[J].管理观察，2017（12）：113-114.

[16] 刘洋.科技档案工作者应具备的知识素养[J].黑龙江档案，2022（02）：266-268.

[17] 刘志秋.博物馆的档案建设与管理探析[J].东方收藏，2020（01）：112.

[18] 吕中元.高校大学生诚信档案建设与管理策略探析[J].黑龙江档案，2021（06）：160-161.

[19] 马卫军.浅谈高校院系教学档案的建设与管理[J].中小企业管理与科技（下旬刊），2010（10）：177-178.

[20] 孟凡强.档案信息化建设与档案管理的研究[J].兰台内外，2023（01）：13-15.

[21] 潘潇璇.档案管理理论研究[M].延吉：延边大学出版社，2018.

[22] 彭燕.新会计准则对会计档案管理的影响[J].中国集体经济，2022（12）：78-80.

[23] 任丽梅 . 档案价值鉴定研究 [J]. 兰台内外，2022（30）：52-54.

[24] 沙燕 . 试析档案信息化建设在医院档案管理中的价值及地位 [J]. 人人健康，2019（11）：283-284.

[25] 四川省档案局 . 档案工作基础业务 [M]. 成都：四川人民出版社，2017.

[26] 四川省档案局 . 档案文化建设 [M]. 成都：四川人民出版社，2017.

[27] 四川省档案局 . 专业档案管理 [M]. 成都：四川人民出版社，2017.

[28] 王静 . 档案信息化建设的必然趋势与实现路径 [J]. 办公室业务，2022（10）：117-118.

[29] 王启佑 . 档案信息化建设研究 [J]. 机电兵船档案，2021（01）：67-69.

[30] 王世吉，唐宁，周雷 . 现代档案管理理论与实践 [M]. 延吉：延边大学出版社，2018.

[31] 吴巧姑 . 档案管理系统的资源建设工作浅析 [J]. 办公室业务，2023（02）：139-141.

[32] 杨红 . 试析医院档案管理在医院文化建设中的作用 [J]. 办公室业务，2019（17）：106-107.

[33] 杨红 . 档案管理理论与实务 [M]. 上海：上海教育出版社，2016.

[34] 杨俊萍 . 数字化档案管理创新路径探讨 [J]. 参花（下），2023（01）：50-52.

[35] 杨洋 . 档案文化建设创新与实践 [J]. 兰台内外，2022（32）：76-78.

[36] 于淑萍 . 档案信息化建设的必然性与可行性刍议 [J]. 兰台内外，2022（24）：77-78.

[37] 张静 . 档案安全隐患存在的主要环节及应对措施 [J]. 未来城市设计与运营，2022（03）：85-88.

[38] 张芮萌 . 档案数据归档鉴定研究 [D]. 郑州：郑州航空工业管理学院，2022.

[39] 张震霖 . 档案管理价值体系研究初探 [J]. 兰台内外，2021（10）：70-72.

[40] 赵文哲 . 试析医院档案管理推进信息化建设 [J]. 劳动保障世界，2018（17）：47.

[41] 朱树民 . 新时代档案文化建设路径探讨 [J]. 办公室业务，2020（16）：101-102.